Heimweh-Küche

Birgit Hamm
Linn Schmidt

Heimweh-Küche

Lieblingsessen aus Omas Küche

Nachschlag, bitte!

»Gefüllte Paprikaschoten! Die habe ich das letzte Mal gegessen, als ich zwölf war!« In dem kleinen Mittagstisch-Bistro in Hamburg-Ottensen ist die Freude groß, dass der Koch heute so etwas Exotisches auf die Speisekarte gesetzt hat, zwischen Pasta mit Rucolapesto und Kichererbsencurry. Innerhalb von wenigen Minuten ist das Gericht ausverkauft – das bekommt man schließlich nicht alle Tage. Ob nun gefüllte Paprika, Käsespätzle oder Pfannkuchen mit Erdbeermarmelade: Jeder von uns hat sein eigenes Heimweh-Essen. Ein ganz bestimmtes Gericht, das die unbeschwerten Momente der Kindheit wieder lebendig werden lässt.

Die Erinnerung an endlos lange Sommerferien, in denen jeden Tag die Sonne schien, an den Riesenhunger, wenn man aus dem Schwimmbad kam – und dann gab es Frikadellen! Oder wenn als Überraschung nach dem Mittagessen noch Grießflammeri aufgetischt wurde.

So kamen wir auf die Idee, unsere eigenen Lieblings-Heimwehrezepte und die von Freunden und Familie zu sammeln, aufzuschreiben und nachzukochen. Dabei hörten wir immer wieder Sätze wie: »Den allerbesten Schweinsbraten gibt's bei meiner Oma!«, oder: »Meine Mutter macht einen sensationellen Döppekooche.« Um die Rezepte aus erster Hand zu erfahren, haben wir dann verschiedenen Omas beim Kochen über die Schulter geschaut und fleißig mitgeschrieben. Sie haben uns nicht nur ihre besten Rezepte verraten, sondern auch viele interessante Geschichten aus ihrem Leben erzählt.

Besonders beeindruckt waren wir von der Kreativität und Schnelligkeit mit der gekocht wurde: Ein Stück Butter, etwas Mehl und Zucker – fertig sind die Kuchenstreusel, ganz ohne Abwiegen. »Ich koche einfach nach Gefühl«, hieß es oft – aber Routine und Können sind die Voraussetzung dafür. Natürlich wollten wir alles ganz genau wissen: Wie viel Butter kommt denn nun an den Teig? Bei jedem Handgriff sprangen wir praktisch mit der Küchenwaage dazwischen.

Das Ergebnis: Eine vielfältige Rezeptsammlung – zum Erinnern, zum Nachkochen und zum Genießen, die hoffentlich auch ein klein wenig bei Ihnen Kindheitserinnerungen wecken. Zum Beispiel an endlose Sommerferien.

Inhalt

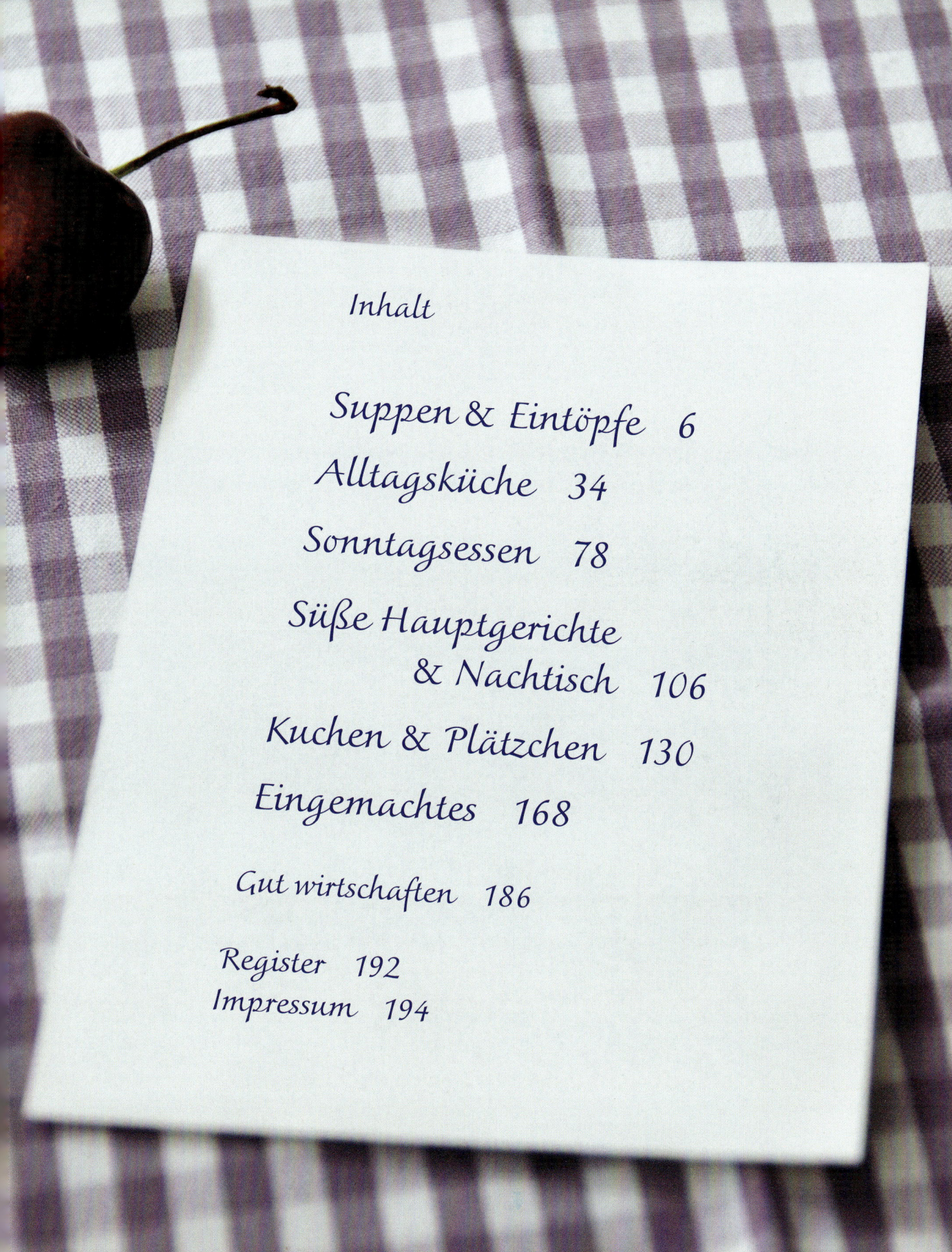

Suppen & Eintöpfe

Soljanka

Für meine Freundin Daniela, die in Leipzig aufwuchs, ist Soljanka ein Heimwehgericht ersten Ranges. Dieser Eintopf war schon zu DDR-Zeiten im Osten Deutschlands sehr beliebt, obwohl böse Zungen behaupten, in die säuerlich-pikante Suppe, von der es unzählige Varianten gibt, käme alles hinein, was an Küchenresten so anfiele. Ich weiß nicht, wo die Lästerer gegessen haben, aber sie sollten wirklich mal die Soljanka von Danielas Mutter probieren. Birgit

Für 4–6 Portionen

300 g Jagdwurst am Stück
200 g Kabanossi
500 g Zwiebeln
1 EL Butter
1 Glas Letscho
(400 g; Supermarkt)
1 TL Senfsamen
1 TL Kümmelsamen
1 TL rosenscharfes
Paprikapulver
1 EL edelsüßes
Paprikapulver
5 Pimentkörner
2 Lorbeerblätter
1 EL Tomatenmark
1 TL Zucker
150 g saure Gurken
100 ml Gurkenwasser
500 ml Gemüse- oder
Hühnerbrühe
Saft von 1 Zitrone
Salz nach Geschmack
200 g Sauerrahm

Jagdwurst und Kabanossi fein würfeln. Zwiebeln schälen, ebenfalls würfeln. Wurstwürfel mit der Butter in einem Topf scharf anbraten, Zwiebeln dazugeben, bei großer Hitze weiterbraten, bis alles leicht gebräunt ist. Mit Letscho ablöschen, Hitze reduzieren. Senf, Kümmel, Paprikapulver, Piment, Lorbeerblätter, Tomatenmark und Zucker dazugeben, umrühren und alles bei geschlossenem Deckel leise köcheln lassen.

Saure Gurken fein würfeln und mit dem Gurkenwasser zur Suppe geben. Brühe dazugießen, alles noch einmal kurz aufkochen und im geschlossenen Topf etwa 45 Minuten bei geringer Hitze garen. Ab und zu umrühren. Zum Schluss mit Zitronensaft und Salz abschmecken. Zum Servieren auf jede Portion Eintopf einen Klecks Sauerrahm geben.

Rezeptfoto auf Seite 6

TIPP Gleich die doppelte Portion zubereiten – Soljanka schmeckt aufgewärmt fast noch besser. Außerdem eignet sie sich zum Einfrieren und ist eine prima Mitternachtssuppe für Partys.

Hühnersuppe

Immer wenn in unserer Familie jemand Schnupfen hatte, kochte Oma eine kräftige Hühnersuppe – das sei die beste Medizin, behauptete sie. Und sie hatte Recht. Was früher auf Erfahrungswerten beruhte, ist mittlerweile wissenschaftlich bestätigt: Bestimmte Inhaltsstoffe in der Hühnerbrühe können Entzündungen in Hals und Nase hemmen. Das ist aber kein Grund, auf die nächste Erkältung zu warten. Denn ohne Schnupfen schmeckt Hühnersuppe natürlich noch besser. Birgit

Für 6–8 Portionen

1 große Zwiebel
1 Bund Suppengrün
1 Suppenhuhn (ersatzweise 1 kg Hühnerklein oder Hühnerschenkel)
1 gehäufter TL Salz
5 Pfefferkörner
150 g Suppennudeln (Buchstaben oder Sternchen)
100 g Erbsen (frisch oder tiefgekühlt)
2 EL gehackte Petersilie

Zwiebel mit Schale quer halbieren und mit den Schnittflächen nach unten in einen großen Topf setzen. Topf auf den Herd stellen und die Zwiebelschnittflächen bei großer Hitze kräftig anbräunen lassen – das gibt der Suppe eine schöne, goldgelbe Farbe. Suppengrün putzen und grob zerteilen. Zur Zwiebel im Topf 2 l kaltes Wasser gießen. Suppenhuhn bzw. Hühnerklein, Suppengrün, Salz und Pfefferkörner ins Wasser geben. Alles aufkochen, dann die Herdplatte auf kleinste Stufe zurückschalten. Suppe ohne Deckel 2 Stunden leicht köcheln lassen. Zwischendurch ab und zu den Schaum von der Oberfläche abschöpfen.

Suppennudeln nach Packungsanweisung in Salzwasser garen. Nach Ende der Kochzeit die festen Bestandteile aus der Brühe entfernen, Hühnerfleisch und Gemüse beiseitestellen. Brühe durch ein feines Sieb in einen anderen Topf umgießen. Wird sie gleich gegessen, mit einem Löffel einen Teil des Fetts von der Oberfläche abschöpfen. Hühnerfleisch von den Knochen lösen, in Stücke zupfen, Möhre und Sellerie vom Suppengrün fein würfeln. Fleisch, Möhre, Sellerie, Erbsen und Nudeln in die Suppe geben, nochmals kurz erhitzen. In die Teller geben, mit Petersilie bestreuen und servieren.

Rezeptfoto auf Seite 7

TIPP Hühnersuppe lässt sich gut auf Vorrat kochen und auch einfrieren. Das erstarrte Fett lässt sich am besten von kühlschrankkalter Suppe abheben. Mit Reis statt Nudeln wird eine leckere Reissuppe daraus. Dann zusätzlich pro Person 1 verquirltes Ei über eine Gabel in die heiße Suppe fließen lassen, kurz umrühren und gleich auf Teller verteilen.

Hochzeitssuppe

Als meine Großmutter heiratete, gehörte die traditionelle Hochzeitssuppe ganz selbstverständlich dazu. Das ist eine kräftige Hühnersuppe mit verschiedenen Einlagen, die regional ganz unterschiedlich ausfallen können – sie sind jedoch immer üppig und fein. Eine Extraprise Salz soll für wohlgeratene Kinder sorgen. Und wer zuerst den Löffel in die Suppe taucht, der hat in der Ehe das Sagen, heißt es. Birgit

Für 8 Portionen

Eierstich:

4 Eier, Größe M
125 ml Milch
Salz nach Geschmack
etwas schwarzer Pfeffer
etwas frisch geriebene
Muskatnuss
1 TL weiche Butter

Gemüseeinlage:

2 Möhren
½ Blumenkohl
4 Stangen Spargel
1 TL Salz

Mettklößchen:

200 g Schweinemett
Salz nach Geschmack
etwas schwarzer Pfeffer
1 Zwiebel
1 EL Paniermehl
1 Ei, Größe S

Suppe:

2 l kräftige Hühnerbrühe
(Seite 9)
1 Bund Schnittlauch
100 g Suppennudeln

Für den Eierstich in einer Schüssel die Eier mit der Milch kräftig verrühren, mit Salz, Pfeffer und Muskatnuss abschmecken. Backofen auf 120 °C Umluft vorheizen. Eine flache, feuerfeste Form ausbuttern. Eiermilch hineingießen. Die Form mit der Eiermilch in eine größere Form setzen. Diese bis 2 cm unter den Rand mit sehr heißem Wasser auffüllen. Formen auf die mittlere Schiene in den Backofen stellen und Eiermilch etwa 30 Minuten stocken lassen. Wenn die Masse stichfest ist, herausnehmen. Auskühlen lassen und in Würfel mit 1 cm Seitenlänge schneiden. Beiseitestellen.

Für die Gemüseeinlage Möhren schälen und in feine Scheiben schneiden. Blumenkohl waschen, putzen und in Röschen teilen. Spargel schälen und in 3 cm lange Stücke schneiden. Das Gemüse in reichlich Wasser mit dem Salz bissfest kochen. Abgießen, abschrecken.

Für die Mettklößchen das Mett in eine Schüssel geben, salzen und pfeffern. Zwiebel fein würfeln. Zwiebelwürfel, Paniermehl und Ei zum Mett geben, alles vermengen. Beiseitestellen.

Hühnersuppe aufkochen lassen und dann die Hitze stark reduzieren. Aus der Mettmasse kleine Klößchen formen. In die Suppe geben und bei schwacher Hitze in etwa 5 Minuten gar ziehen lassen. Schnittlauch in feine Röllchen schneiden. Zum Schluss Gemüse, Eierstich und Nudeln in die Suppe geben und etwa 3 Minuten ziehen lassen. Mit Schnittlauchröllchen bestreuen.

Bündner Gerstensuppe

Als Kind verbrachte mein Freund Martin seine Sommerferien oft auf einem kleinen Bauernhof im Schweizer Kanton Graubünden. Auf einer Wanderung wurden er und seine Eltern von einem Gewitter überrascht und kamen völlig durchnässt und frierend zum Hof zurück. Zum Glück hatte die Wirtin gerade an diesem Abend eine würzige Suppe aus Gerste und Fleisch für die Gäste gekocht – und niemand bekam eine Erkältung. Linn

Für 4 Portionen

1 kleine Zwiebel
1 Stange Lauch
1 kleine Möhre
1 kleines Stück Wirsing
1 kleines Stück Sellerie
25 g Bündnerfleisch (ersatzweise Rinderschinken)
1 Scheibe roher Schinken (ersatzweise Räucherspeck)
1 EL Butter
60 g Gerstengraupen
1½ l Gemüse- oder Fleischbrühe
100 g Sahne
Salz nach Geschmack
etwas grob gemahlener schwarzer Pfeffer
1 Prise frisch geriebene Muskatnuss
1 Bund Schnittlauch
geschlagene Sahne nach Belieben

Zwiebel schälen, Lauch, Möhre, Wirsing und Sellerie waschen, putzen und alles ganz fein würfeln. Bündnerfleisch und rohen Schinken ebenfalls fein würfeln. Butter in einem großen Topf zerlassen und Gemüse, Bündner Fleisch, Schinken und Graupen darin etwa 5 Minuten anschwitzen, bis die Zwiebel glasig ist. Mit Brühe aufgießen, aufkochen und danach die Hitze reduzieren. Mit geschlossenem Deckel knapp 1½ Stunden sanft köcheln lassen, bis die Graupen weich sind.

Sahne zur Graupensuppe geben, mit Salz, Pfeffer und Muskatnuss abschmecken. Suppe noch einmal kurz aufkochen und Herd ausschalten. Schnittlauch waschen und in feine Röllchen schneiden. Suppe auf vier Teller verteilen, mit Schnittlauch und Schlagsahne nach Geschmack garnieren.

TIPP Suppe immer frisch zubereiten, da die Gerste nach ein paar Stunden zu sehr aufquillt und klumpig wird.

Flädlesuppe

Flädle werden in Schwaben feine, dünne Pfannkuchen genannt. Die Flädlesuppe besteht aus in schmale Streifen geschnittenen Pfannkuchen-röllchen mit klarer Brühe und war früher ein typisches Resteessen. Wenn vom Vortag Rinder- oder Gemüsebrühe übrig geblieben war, wurden dazu schnell ein paar Flädle gebacken, klein geschnitten und mit der Brühe als leckere Suppe serviert. Toll als leichter Mittagsimbiss oder Vorspeise.

Für 4 Portionen
*100 g Mehl
2 Eier, Größe M
200 ml Milch
1 Prise Salz
1 Prise frisch geriebene Muskatnuss
2 EL Butterschmalz oder Pflanzenöl
1 Bund Schnittlauch
etwa 1 l Brühe nach Geschmack (Seite 25 Fleischbrühe oder Seite 19 Gemüsebrühe)
etwas schwarzer Pfeffer*

Für die Flädle Mehl mit Eiern, Milch, einer guten Prise Salz und Muskatnuss in einer Schüssel mit dem Schneebesen zu einem glatten Teig rühren. 15 Minuten ruhen lassen. Butterschmalz oder Öl in einer beschichteten Pfanne erhitzen. Mit einer Schöpfkelle so viel Teig hineingeben, dass der Boden ganz dünn bedeckt ist. Nacheinander 3–4 dünne Pfannkuchen backen. Flädle etwas abkühlen lassen.

Die Flädle fest aufrollen und in schmale Röllchen schneiden. Flädlerollen auf vier Teller verteilen. Schnittlauch waschen und in feine Röllchen schneiden. Brühe erhitzen, mit Salz und Pfeffer abschmecken, über die Flädle gießen und mit dem Schnittlauch bestreuen. Sofort servieren.

TIPP Super schmeckt eine Flädlesuppe auch mit Bärlauch, Petersilie oder anderen frischen Küchenkräutern.

Birnen, Bohnen und Speck

*Bohnen mit Birnen – so etwas können sich ja nur die Hamburger aus-
gedacht haben, oder? Stimmt, aber die nehmen als Zutat für diesen
würzigen Eintopf nicht die großen, süßlich-mürben Birnen wie Williams
Christ, sondern kleine, harte Kochbirnen z. B. der Sorte Bergamotte.
Die säuerlichen Früchte ergänzen den würzigen Eintopf wunderbar!
Es passen aber auch andere feste Birnen dazu.* Linn

Für 4 Portionen
2 Zwiebeln
*500 g Räucherspeck
am Stück*
1 kg grüne Bohnen
1 Bund Bohnenkraut
4 feste, säuerliche Birnen
Salz nach Geschmack
etwas schwarzer Pfeffer

Zwiebeln schälen und vierteln. Mit dem Speck in einen Topf mit 1¼ l Wasser geben und alles zum Kochen bringen. Auf kleiner Flamme 30 Minuten garen. Währenddessen die Bohnen waschen und putzen und in mundgerechte Stücke schneiden. Zum Speck geben, weitere 15 Minuten köcheln lassen.

Bohnenkraut waschen und die Blättchen abzupfen oder das ganze Bund mit Küchengarn umwickeln und in den Topf legen. Birnen waschen und im Ganzen zu den Bohnen legen, 10–15 Minuten mitgaren lassen. Zum Schluss mit Salz und Pfeffer abschmecken. Vor dem Servieren den Speck herausnehmen und in Scheiben schneiden.

TIPP Der Eintopf schmeckt pur, zu Spiralnudeln oder Kartoffeln. Für eine vegetarische Variante den Speck durch 250 g Räuchertofu ersetzen: Die Zwiebeln dafür 10 Minuten in Gemüsebrühe kochen, wie beschrieben weiterverfahren und zum Schluss den Tofu würfeln, in etwas Fett anbraten und vor dem Servieren in den Eintopf geben.

Gemüsesuppe mit Grießklößchen

Diese rein vegetarische Suppe gab es bei meiner Schulfreundin Marion immer an Gründonnerstag, dem Donnerstag vor Ostern. In katholischen Gegenden ist es nämlich Brauch, an diesem Tag ein fleischloses Gericht zu essen. Das Erstaunliche: Sie ist ganz auf Gemüsebasis gekocht, nicht einmal ein Gemüsebrühwürfel stört die Reinheit der Zutaten. Klingt fade? Schmeckt aber richtig kräftig und gut! Birgit

Für 4 Portionen

Gemüsebrühe:

¼ Sellerieknolle
1 große Zwiebel
2 große Möhren
2 Stangen Staudensellerie
2 EL Butter
½ Bund Petersilie
1 TL Tomatenmark
1 gestrichener TL Salz
1 Gewürznelke
50 g Erbsen (frisch oder tiefgekühlt)
4 EL Schnittlauchröllchen

Grießklößchen:

125 ml Milch
1 EL Butter
Salz nach Geschmack
1 Messerspitze frisch geriebene Muskatnuss
50 g Hartweizengrieß
1 Ei, Größe M

Für die Suppe Sellerie, Zwiebel, Möhren und Staudensellerie putzen, fein würfeln und in einem großen Topf in Butter anbraten. Petersilie hacken und mit Tomatenmark, Salz und Gewürznelke dazugeben. Kurz mitrösten. Mit 1½ l kaltem Wasser aufgießen. Alles zum Kochen bringen und bei schwacher Hitze etwa 30 Minuten köcheln lassen. Ab und zu umrühren. Falls sich Schaum an der Oberfläche bildet, mit einer Schaumkelle abnehmen. In den letzten 5 Minuten die Erbsen zugeben. Suppe noch einmal abschmecken, eventuell nachsalzen.

Für die Grießklößchen Milch, Butter, Salz und Muskatnuss in einen kleinen Topf geben, einmal aufkochen und vom Herd ziehen. Grieß dazugeben und mit einem Kochlöffel so lange rühren, bis sich ein glatter Kloß vom Topfboden löst. Dann das Ei unterrühren. Mit zwei, zwischendurch immer wieder in kaltes Wasser getauchten, Teelöffeln kleine Klößchen abstechen. Direkt in die siedende Gemüsesuppe geben und 5 Minuten garen. Suppe mit Einlage auf Teller verteilen und mit Schnittlauchröllchen bestreut servieren.

TIPP Schmeckt auch als schnelle *Nudelsuppe:* Statt der Grießklößchen dann 1 Handvoll Sternchennudeln in die Suppe geben und 5 Minuten mitkochen.

Grüne Erbsensuppe

Diese Suppe schmeckt winterlich-deftig und trotzdem angenehm leicht. Ihr Geheimnis: Schälerbsen. Das sind getrocknete, halbierte grüne Erbsen – ohne die derbe äußere Haut, die den gemeinen Erbseneintopf grau und schwer verdaulich macht.

Für 4 Portionen

250 g grüne, halbierte Schälerbsen (Supermarkt, Bioladen)
1 Bund Suppengrün
1 EL Butter- oder Schweineschmalz
500 g geräucherter Schweinebauch am Stück
4 mittelgroße, festkochende Kartoffeln
100 g Erbsen (TK)
1 EL frisch geschnittene Majoranblättchen
1 TL Salz
schwarzer Pfeffer nach Geschmack

Erbsen waschen und in 1½ l kaltem Wasser mindestens 2 Stunden einweichen. Suppengrün putzen und klein schneiden. In einem großen Topf Suppengrün im Schmalz kräftig anschwitzen, dann die Erbsen mit dem Einweichwasser und den Schweinebauch dazugeben. Bei großer Hitze aufkochen lassen und den Schaum von der Oberfläche abschöpfen. Hitze reduzieren und mit leicht geöffnetem Deckel 30 Minuten sanft köcheln lassen.

Kartoffeln schälen und in kleine Würfel schneiden. Kartoffelwürfel in den Topf geben und den Eintopf weitere 30 Minuten garen. 10 Minuten vor Ende der Kochzeit die TK-Erbsen zugeben.

Den Schweinebauch aus dem Topf nehmen und in mundgerechte Würfel schneiden. Fleischwürfel zusammen mit dem Majoran in die Suppe geben und 2 Minuten durchziehen lassen. Suppe kräftig mit Salz und Pfeffer abschmecken.

TIPP Wenn Sie die Suppe etwas sämiger mögen, nach dem Entfernen des Schweinebauchs die Erbsen im Topf mit dem Stabmixer nach Geschmack mehr oder weniger fein pürieren.

Emilie Frohn aus Rheinhessen

Essen ist fertig!

Im kleinen rheinhessischen Weinort Engelstadt wohnt Emilie Frohn noch heute in ihrem liebevoll eingerichteten Elternhaus. Mit großem Garten, Hof, Scheune – und dem ehemaligen Kuhstall, der mit seinem Kreuzgewölbe aussieht wie eine kleine Kathedrale. Dahinter Felder, Weinberge bis zum Horizont. Nur ein paar Schritte von ihrem Haus entfernt liegt das Weingut der Familie Hoch – nahe Verwandte von Emilie – und praktisch ihr zweites Zuhause. In dem großen Weingut-Haushalt hat sie früher schon häufig Mahlzeiten für ganz viele Leute auf den Tisch gezaubert: »Besuch im Haus war praktisch Normalzustand«, erinnert sie sich.

Für uns hat sie einen ihrer Klassiker, Rindfleischsuppe mit Markklößchen, zubereitet. Die wird als Vorsuppe zu einem typisch rheinhessischen Sonntagsessen serviert. Kochen bedeutet für Emilie Spaß und Routine zugleich: »Vor allem im Herbst, wenn Freunde und Verwandte anreisen, um bei der Weinlese zu helfen, drängten sich schnell mal zwanzig Personen um den Tisch«, erzählt sie. »Besonders schön war das Herbstfest, das wir jedes Jahr nach der Weinlese mit allen Helfern gefeiert haben.«

Einerseits ist Emilie hier fest verwurzelt, andererseits war da immer die Sehnsucht nach fernen Ländern: »Ein bisschen was von der Welt hab' ich gesehen. Ich war in Brasilien, in Chile, China … das ist zwar schon etwas her – aber es hat mir sehr gut gefallen!« Auch kulinarisch gab es auf den Reisen einiges zu entdecken: »Ich habe alles probiert, selbst die ungewöhnlichsten Sachen. Dass es mir jedes Mal gut bekommen ist, liegt bestimmt an der positiven Einstellung«, erklärt Emilie und fügt lächelnd hinzu: »Und ein kleiner Schnaps nach dem Essen – der hilft auch.«

Rindfleischsuppe mit Markklößchen

Zu einem richtigen Sonntagsessen gehörte früher unbedingt eine Suppe als Vorspeise. Meist war das eine kräftige klare Brühe, denn sie sollte ja nicht sättigen, sondern den Magen auf das Hauptgericht vorbereiten – wie diese Rindfleischsuppe mit Markklößchen von meiner Patentante Emilie. Der Clou: Das in der Brühe gekochte Fleisch wird mit Meerrettichsoße, Wirsing und Bratkartoffeln als Hauptgericht serviert. Birgit

Emilie Frohn aus Rheinhessen

Für 6 Portionen

Fleischbrühe:

⅛ Sellerieknolle
2 Möhren
1 kleine Zwiebel
1 Stange Lauch
1 kg Suppenknochen
1 TL gekörnte Brühe
oder 1 Würfel Fleischbrühe
1½ kg Rindfleisch
(Brust oder Bug)
1 kleiner Zweig Liebstöckel
1 TL Salz
etwas schwarzer Pfeffer
etwas frisch geriebene
Muskatnuss

Markklößchen:

40 g Rindermark
(von 1–2 Markknochen)
40 g weiche Butter
1 EL fein gehackte Petersilie
1 Ei, Größe L
60–80 g Paniermehl
Salz nach Geschmack
etwas frisch geriebene
Muskatnuss

Für die Brühe Sellerie, Möhren, Zwiebel und Lauch putzen. In einem großen Topf die Suppenknochen mit 2½ l kaltem Wasser und dem Brühwürfel zum Kochen bringen. Wenn das Wasser kocht, Rindfleisch, Sellerie, Möhren und Zwiebel dazugeben, Hitze reduzieren, Deckel auf den Topf legen. Alles bei geschlossenem Deckel leise sieden lassen. Zwischendurch mehrmals den Schaum von der Oberfläche abschöpfen. Nach etwa 1 Stunde Kochzeit Lauch und Liebstöckel zugeben. Nochmals 1 Stunde köcheln lassen.

Fleisch herausnehmen, Suppe durch ein feines Sieb abgießen, wieder in den Topf füllen. Herd ausschalten. Brühe mit Salz, Pfeffer und Muskatnuss kräftig abschmecken. Nach Wunsch Möhren und Sellerie klein schneiden und als Gemüseeinlage in die Suppe geben. Suppe warm halten.

Für die Markklößchen das Mark aus den Knochen lösen, mit einer Gabel zerdrücken und leicht schaumig rühren. Butter, Petersilie, Ei und Paniermehl dazugeben, alles gut vermengen. Mit Salz und Muskatnuss abschmecken und Masse im Kühlschrank abgedeckt 1–2 Stunden ruhen lassen.

Reichlich Salzwasser in einem Topf aufkochen und Hitze auf kleinste Stufe reduzieren. Mit bemehlten Händen ein Probeklößchen formen und ins siedende Wasser geben. Sollte es zerfallen, noch etwas Paniermehl unter die Klößchenmasse mengen. Mit bemehlten Händen etwa 18 Klößchen formen und im siedenden Wasser in 20 Minuten gar ziehen lassen – nicht mehr kochen. In einer Terrine oder auf Teller geben und mit der heißen Fleischbrühe übergießen.

TIPP Gibt es als Hauptgericht Rindfleisch mit Meerrettichsoße (Seite 97), das gekochte Fleisch bis zur Weiterverwendung zurück in die Suppe legen – so bleibt es warm und saftig.
Die Knochen können mit ein wenig Brühe eingefroren werden und ergeben später noch ein zweites Mal eine gute Suppengrundlage.

Kartoffelsuppe

Die Kartoffelsuppe ist mein Suppenrezept schlechthin: Es gab sie bei uns jeden Montag, immer mit viel frischer Petersilie aus dem Garten. Keine feine Sonntagssuppe, sondern eine dickflüssige, cremige Suppe. Ideal für Montage eben! Linn

Für 4–6 Portionen

800 g mehligkochende Kartoffeln
1 große Möhre
1 Stange Lauch
100 g Knollensellerie
1 mittelgroße Zwiebel
1 EL Butter
1¼ l Gemüsebrühe
Salz nach Geschmack
weißer Pfeffer
2 TL gehackter Majoran (frisch oder getrocknet)
100 g Sahne
1 TL Senf
4 Wiener Würstchen
1 Bund Petersilie

Kartoffeln, Möhre, Lauch und Knollensellerie waschen, schälen und fein würfeln. Die Zwiebel fein hacken. Die Butter in einem Topf erhitzen und die Zwiebel darin glasig anschwitzen. Die Gemüsewürfel zugeben und nach 1–2 Minuten mit der Gemüsebrühe ablöschen. Aufkochen lassen und mit aufgelegtem Deckel etwa 30 Minuten bei mittlerer Hitze köcheln lassen.

Das weiche Gemüse im Topf mit einem Kartoffelstampfer zerdrücken und mit Salz, weißem Pfeffer und Majoran würzen. Sahne und Senf einrühren. Die Suppe mit einem Stabmixer pürieren und noch einmal abschmecken. Würstchen in Scheiben schneiden und in der Suppe erwärmen. Petersilienblätter von den Stängeln zupfen und fein hacken. Die Suppe auf die Teller verteilen und mit der gehackten Petersilie bestreuen.

TIPP Auch Pastinake oder Steckrübe und kleine Fleischwurststückchen machen sich gut in der Suppe. Besonders fein wird sie, wenn je zur Hälfte Kartoffeln und Süßkartoffeln verwendet werden.

Hamburger Krabbensuppe

Echte Nordseekrabben sind die wichtigste Zutat für diese feine Suppe. Die rosa Schalentier-Winzlinge sind wahre Geschmacksgiganten. Früher wurden die Krabben von den Hamburger Hausfrauen selbst gepult und die Schalen für den Suppenfond ausgekocht. Das kostet jedoch sehr viel Zeit und Mühe. Zudem gibt es die ungeschälten Nordseekrabben nicht überall. Eine Fischhändlerin auf dem Wochenmarkt in Hamburg-Altona verriet mir vor einigen Jahren einen cleveren Trick: Statt Krabbenschalen auszukochen einfach etwas Krebsbutter an die Suppe geben – das schmeckt wunderbar! Birgit

Für 4–6 Portionen
1 Bund Suppengrün
1 l Gemüsebrühe
200 ml trockener Weißwein
½ TL Salz
1 Döschen Safran (0,1 g)
1 Bund Dill
1 TL Tomatenmark
1 Prise Zucker
1 EL Krebsbutter
(Fertigprodukt)
200 g Sahne
350 g Nordseekrabben
ohne Kopf und Schale

Suppengrün putzen und klein schneiden. In einem Topf Gemüsebrühe aufkochen, Suppengrün mit Weißwein und Salz dazugeben und bei mittlerer Hitze weich kochen. Im Topf mit einem Stabmixer pürieren.

Während die Suppe sanft köchelt, etwas Kochflüssigkeit abnehmen und die Safranfäden darin auflösen. Den Dill fein hacken. Die Hälfte des Dills, den aufgelösten Safran, Tomatenmark und Zucker in die pürierte Suppe rühren. Die Krebsbutter und 150 g von der Sahne hinzufügen. Rühren, bis die Krebsbutter sich aufgelöst hat. Den Herd ausschalten.

Von den Krabben etwa 25 Stück für die Garnitur beiseitelegen, den Rest in die heiße, aber nicht mehr kochende Suppe geben und erwärmen. Die Suppe noch einmal mit Salz abschmecken. Die restliche Sahne (50 g) steif schlagen. Die Suppe in Tassen füllen, mit einem Sahnehäubchen, den beiseitegelegten Krabben und dem restlichen Dill garnieren.

TIPP Wer keinen Stabmixer hat, kann das Suppengrün durch ein Haarsieb passieren und wieder in die Flüssigkeit geben. Zusätzlich 10 ml süßer Sherry und ein paar Tropfen Zitronensaft geben der Suppe einen besonderen Pfiff.

Linsen mit Spätzle

Das schwäbische Nationalgericht hat mir schon so manchen grauen
Wintertag gerettet – denn man isst die Linsen traditionellerweise
nur von Oktober bis März. Dieser würzige Eintopf gehört außerdem
zu den Gerichten, die am nächsten Tag aufgewärmt noch besser
schmecken.   Linn

Für 4 Portionen

400 g braune Linsen
1 Lorbeerblatt
2 mittelgroße Zwiebeln
100 g Knollensellerie
2 mittelgroße Möhren
3 EL Pflanzenöl
1 EL zerstoßene Senfkörner
500 ml Fleisch- oder
Gemüsebrühe
Salz nach Geschmack
etwas schwarzer Pfeffer
1 EL Senf
1 EL Apfelessig
4–8 Würstchen (schwäbi-
sche Saitenwürstchen,
Wiener oder Frankfurter)

Die Linsen verlesen, waschen, in einer Schüssel mit kaltem Wasser bedecken und am besten über Nacht einweichen lassen. Am nächsten Tag Linsen durch ein Sieb abgießen, das Wasser auffangen. 1 Liter Einweichwasser mit Linsen und Lorbeerblatt in einen großen Topf geben. Linsen etwa 40 Minuten bei mittlerer Hitze im zugedeckten Topf köcheln lassen, bis sie weich sind.

Zwiebeln, Sellerie und Möhren schälen und fein würfeln. Zwiebelwürfel in einem großen Topf im Öl scharf anbraten. Sellerie, Möhren und Senfkörner dazugeben und anbraten. Alles mit der Brühe ablöschen, 5 Minuten köcheln lassen. Dann die Linsen mit Restflüssigkeit dazugießen. Mit Salz, Pfeffer und Senf würzen. Den Eintopf weitere 15–20 Minuten auf kleiner Flamme köcheln lassen, öfter umrühren, da die Linsen schnell anbrennen. Ist er zu dickflüssig, noch etwas Brühe dazugießen. Mit Apfelessig abschmecken, eventuell nachwürzen. Zum Schluss die Würstchen im Eintopf erwärmen.

TIPP Dazu gibt es traditionell Spätzle (Seite 44; ohne Käse natürlich). Auf jeden Teller Linsen gehört beim Servieren noch 1 EL Apfelessig – die Säure rundet das Gericht geschmacklich erst richtig ab. Wer es noch deftiger möchte, gibt beim Anbraten der Zwiebeln 100 g fein gewürfelten Räucherspeck dazu.

Pichelsteiner Topf

Als Kind liebte ich die Comics von Mickey Maus und Fix & Foxi – und konnte stundenlang in den Erlebnissen einer Steinzeitfamilie namens »Die Pichelsteiner« versinken. Für mich war damals klar: Der Pichelsteiner Topf, den es bei meiner Oma oft an Samstagen gab, ist das Lieblingsessen von Neolith und Theolith, den beiden starken, aber einfältigen Brüdern aus dem Schachtelhalmwald. In Wahrheit wurde der deftige Eintopf 1847 zum ersten Mal serviert – im Bayerischen Wald. Und Mammut ist auch keins drin. Schmeckt aber trotzdem super. Birgit

Für 4 Portionen

500 g festkochende
Kartoffeln
1 kg gemischtes Gemüse
(z. B. Lauch, Möhren, Petersilienwurzeln, Rosenkohl)
1 Zwiebel
250 g Rinderbrust
250 g Schweineschulter
ohne Knochen und
Schwarte
100 g Räucherspeck
1 EL Pflanzenöl
(nach Bedarf)
Salz
1 TL edelsüßes
Paprikapulver
½ TL Kümmelsamen
1 EL Petersilie

Kartoffeln und Gemüse waschen, putzen bzw. schälen und in mundgerechte, etwa gleich große Stücke schneiden. Zwiebel fein würfeln. Das Fleisch in 2 cm große Würfel und den Räucherspeck in Streifen schneiden. Räucherspeck ohne Fett in einen Topf geben und bei hoher Temperatur auslassen. Fleisch- und Zwiebelwürfel zum Fett in den Topf geben (bei Bedarf noch 1 EL Öl dazugeben) und bei mittlerer Hitze anbraten, bis alles leicht gebräunt ist. Mit Salz und Paprikapulver würzen. Bei geschlossenem Deckel auf kleiner Flamme etwa 15 Minuten schmoren, ab und zu umrühren.

Kartoffeln und Gemüse lagenweise auf das Fleisch schichten, jede Schicht mit Salz und etwas Kümmel würzen. Eine Schicht Kartoffeln bildet den Abschluss. Petersilie hacken und über den Eintopf streuen. 500 ml heißes Wasser seitlich am Topfrand entlang zugießen. Nicht umrühren! Deckel auflegen und auf kleinster Stufe etwa 45 Minuten garen. Zum Schluss alle Zutaten sorgfältig vermischen und sofort servieren.

TIPP Das Gemüse je nach Saison variieren: Im Sommer können z. B. grüne Bohnen den winterlichen Rosenkohl ersetzen. Auch Wirsing und Weißkohl sind beliebte Zutaten. Aufpassen, dass kein Gemüse geschmacklich dominiert, also die Sorten gut mischen. Wichtig ist, dass erst kurz vor dem Servieren umgerührt wird. So zerfällt nichts, und jede Lage behält ihren Eigengeschmack.

Alltagsküche

Gefüllte Paprikaschoten

Mit gut gewürztem Hackfleisch mussten sie gefüllt sein. In jeder anderen Form konnten mir die grasgrünen Dinger – in den 1960er-Jahren schien es ausschließlich grüne Paprikaschoten zu geben – gestohlen bleiben. Über die Jahre sind gefüllte Paprikaschoten dann irgendwie völlig aus der Mode gekommen. Als ich aber neulich ein paar mit ins Büro brachte und in der Küche aufwärmte, lockte der Duft die Kollegen scharenweise an: »Das riecht aber lecker!« – »Was ist das?« – »Das hab' ich ja ewig nicht gegessen! Hast du das Rezept für mich?« Bitte sehr. Birgit

Für 4 Portionen

4 rote Paprikaschoten
4 grüne Paprikaschoten
1 Zwiebel
800 g gemischtes Hackfleisch
2 EL fein gehackte Petersilie
2 EL Paniermehl
2 Eier, Größe M
1 TL Salz
1 TL edelsüßes Paprikapulver
½ TL rosenscharfes Paprikapulver
etwas schwarzer Pfeffer
1–2 Tassen heiße Brühe nach Geschmack

Paprikaschoten waschen, an der Stielseite einen Deckel abschneiden, Samen und Scheidewände entfernen. Deckel beiseitelegen. Boden etwas gerade schneiden, damit die Schoten standfest sind. Zwiebel schälen und fein würfeln. Hackfleisch gründlich mit Zwiebel, Petersilie, Paniermehl, Eiern, Salz, Paprikapulver und Pfeffer vermengen. Backofen auf 180 °C Umluft vorheizen.

Alle Paprikaschoten bis zum Rand mit der Hackmasse füllen. In eine passende Auflaufform setzen und so viel Brühe angießen, dass diese etwa 2 cm hoch zwischen den Schoten steht. Auf die mittlere Schiene in den vorgeheizten Backofen schieben und etwa 30 Minuten garen, dann die Deckel auf die Schoten setzen und weitere 15 Minuten garen. Eventuell etwas Brühe nachgießen, damit die Paprikaschoten nicht anbrennen. Gegarte Paprikaschoten auf die Teller setzen und gleich servieren.

Rezeptfoto siehe Seite 34

TIPP Zu den Paprikaschoten passen Reis und Tomatensauce, sie schmecken aber auch pur. Für eine vegetarische Füllung lassen sich gut Reisreste vom Vortag verwerten. Statt des Hackfleischs gekochten Reis mit Erbsen, Zwiebeln, Petersilie und in Butter gedünsteten Pilzen vermischen, mit Eiern und Gewürzen wie oben angegeben vermengen. Masse in die Schoten füllen. Tomatensauce dazu servieren.

Alltagsküche

Bratkartoffeln nach Art von Oma Dorothea

Bratkartoffeln sind eines dieser einfachen Gerichte, die schwer zu machen sind. Meiner Großmutter gelangen sie immer. Ihre Bratkartoffeln waren stets Hauptdarsteller – so perfekt, dass sie nur einen grünen Salat neben sich duldeten. Ihr Geheimnis: keine Zwiebeln. Und: Die Kartoffeln müssen unbedingt am Vortag gekocht werden. Nach vielen mehr oder weniger gelungenen Experimenten – mit Zwiebeln, mit Speck, mit Kräutern und Gewürzen – bin ich immer zu Oma Dorotheas Bratkartoffeln zurückgekehrt. Sie sind einfach unübertroffen. Birgit

Für 4 Portionen
1 kg festkochende Kartoffeln
Salz nach Geschmack
½ TL Kümmelsamen
5–7 EL Pflanzenöl
etwas weißer Pfeffer

Am Vortag Kartoffeln waschen und in einen großen Topf geben. So viel Wasser zugeben, dass die Kartoffeln gerade bedeckt sind. Salz und Kümmel dazugeben und alles aufkochen. Je nach Größe der Kartoffeln in 12–15 Minuten knapp gar kochen. Wenn die Spitze eines kleinen Schälmessers mühelos bis zur Mitte durchdringt, sind sie fertig. Kartoffeln abgießen, noch einmal kurz auf der heißen, ausgeschalteten Herdplatte durchrütteln, bis das letzte Wasser verdampft ist. Von der Herdplatte nehmen, 5 Minuten auskühlen lassen. Dann sofort pellen. Mit einem Geschirrtuch abdecken und bis zum nächsten Tag kühl stellen.

Öl in einer großen Pfanne erhitzen. Kartoffeln in 5 mm dicke Scheiben schneiden, in das heiße Öl geben und bei mittlerer Hitze anbraten. In den ersten 5 Minuten auf keinen Fall umrühren. Höchstens ein wenig an der Pfanne rütteln, damit nichts ansetzt. Wenn die Kartoffeln auf einer Seite goldbraun sind, mit Pfannenwender und Gabel vorsichtig umdrehen. Eventuell noch etwas Öl zugeben und weiterbraten, bis die Scheiben rundum knusprig braun sind. Kräftig salzen und pfeffern, sofort servieren.

Rezeptfoto siehe Seite 35

TIPP Nie zu viele Kartoffelscheiben auf einmal in die Pfanne geben, sonst werden sie nicht knusprig. Es empfiehlt sich, in mehreren Durchgängen und/oder mit zwei Pfannen gleichzeitig zu arbeiten. Dann muss natürlich auch die Ölmenge verdoppelt werden. Am besten gelingen Bratkartoffeln in einer Pfanne aus Gusseisen oder einer schweren, beschichteten Pfanne.

Schinkenfrikadellen à la Toni

Mein Vater Anton (genannt Toni) kochte gern zur Entspannung. Er war verspielt und ließ sich ständig kleine Tricks einfallen, mit denen er einfache Gerichte zu etwas Besonderem machte. So wie die Frikadellen, für die er ein Stück rohen Schinken kochte, durch den Fleischwolf drehte und zusammen mit einer kleinen, getrockneten Chilischote zum Hackfleisch gab. Das Ergebnis sieht aus wie ganz normale Frikadellen, schmeckt aber viel würziger. Birgit

Für 4–6 Portionen

1 Lorbeerblatt
200 g roher Landschinken am Stück
1 Brötchen vom Vortag
125 ml Milch
1 große Zwiebel
1 kleine getrocknete Chilischote
500 g gemischtes Hackfleisch
1 TL Salz
½ TL schwarzer Pfeffer
1 Ei, Größe L
3 EL Schweine- oder Butterschmalz

In einem Topf etwa 1½ l Wasser mit dem Lorbeerblatt aufkochen. Schinken in das Wasser geben und bei mittlerer Hitze 1 Stunde kochen. Herausnehmen und etwas abkühlen lassen. Dann durch die grobe Scheibe des Fleischwolfs drehen oder mit einem großen Messer sehr fein hacken.

Das Brötchen in der Milch einweichen und ausdrücken. Zwiebel fein würfeln. Chilischote zerkrümeln. Hackfleisch in einer Schüssel mit Schinkenstückchen, eingeweichtem Brötchen, Zwiebel, Chili, Salz, Pfeffer und Ei gut vermengen. Das geht am besten mit den Händen. Mit angefeuchteten Händen 12 kleine Frikadellen aus der Hackfleischmasse formen.

Schmalz in einer großen Pfanne erhitzen. Frikadellen vorsichtig ins Schmalz legen und bei mittlerer Hitze von jeder Seite etwa 4–5 Minuten braten, bis sie goldbraun und knusprig sind.

TIPP Die Frikadellen schmecken am besten frisch aus der Pfanne, z. B. zu Kartoffelpüree und Kohlrabi. Oder kalt mit Senf und Gurken als Partysnack. Wer lieber klassische Frikadellen mag, lässt die Chilischote weg und ersetzt den Schinken durch 200 g Hackfleisch.

Alltagsküche

Wiener Gulasch

Ob Szegediner Gulasch mit Sauerkraut, Paprikás mit Sauerrahm oder Pörkölt mit dicker, eingekochter Soße – das Gericht mit den ungarischen Wurzeln gibt es in unzähligen Varianten. Das Gulasch, das bei uns in der Familie gekocht wurde, war ein »Wiener Gulasch«, wie mein Vater gern betonte. Dafür wird die gleiche Menge Zwiebeln und Fleisch fast nur im eigenen Saft geschmort. Und das ist auch heute noch mein Lieblingsgulasch. Birgit

Für 4–6 Portionen

*1 kg Rindfleisch
aus der Wade
1 kg Zwiebeln
1 Knoblauchzehe
3 EL Schweine- oder
Butterschmalz
2 gehäufte EL edelsüßes
Paprikapulver
1 EL rosenscharfes
Paprikapulver
1 TL Tomatenmark
1 TL Zucker
Salz nach Geschmack
schwarzer Pfeffer nach
Geschmack
½ TL gemahlener Kümmel
1 Lorbeerblatt
50–100 ml Rotwein
(ersatzweise Wasser)*

Rindfleisch in Würfel von etwa 4 cm Seitenlänge schneiden. Zwiebeln schälen und grob würfeln, Knoblauchzehe fein schneiden oder reiben. Schmalz auf dem Herd in einem Bratentopf mit gut schließendem Deckel erhitzen. Rindfleischwürfel im Fett bei großer Hitze von allen Seiten braun braten. Zwiebeln und Knoblauch dazugeben und mitbraten, bis die Zwiebeln leicht Farbe annehmen.

Fleisch und Zwiebeln mit dem Paprikapulver bestreuen, umrühren und weiterbraten. Tomatenmark, Zucker, Salz, Pfeffer, Kümmel und Lorbeerblatt dazugeben und unterrühren. Hitze verringern, 50 ml Rotwein angießen und einrühren. Sofort den Deckel auf den Topf legen. Bei geringer Hitze etwa 2 Stunden schmoren. Ab und zu umrühren und bei Bedarf noch etwas Flüssigkeit nachgießen. Die Soße bekommt durch die zerkochten Zwiebeln und die Gelatine aus dem Fleisch eine leichte Bindung.

TIPP Dazu gibt es frisches Bauernbrot in dicken Scheiben. Kurze Spiralnudeln passen ebenfalls gut zum Gulasch.

Roter Heringssalat

Es ist eine Hassliebe, die meine Freundin Jutta mit dem Heringssalat verbindet. Genauer gesagt: Erst war es Hass, dann kam die Liebe. Jutta verbrachte die Sommerferien meist bei ihrer Oma Hermine. Die war herzensgut – nur, dass sie gefühlte fünf Mal in der Woche Heringssalat auftischte. »Fisch ist gut fürs Gehirn«, sagte sie dann. Jutta war nach zwei Gabeln immer pappsatt – und verspachtelte hinterher heimlich eine Tafel Schokolade. Heute macht sie den Heringssalat nach Oma Hermines Rezept gern selbst. Aber nur dann, wenn ihre Kinder nicht zum Essen da sind. Birgit

Für 4–6 Portionen

2 Eier, Größe M
1 rote Zwiebel
200 g Pellkartoffeln vom Vortag
1 Apfel
4 Heringsfilets
1 saure Gurke
2 Knollen Rote Bete (vorgekocht, im Glas oder vakuumverpackt im Gemüseregal)
4 EL Mayonnaise
100 ml Gurkenwasser
1 TL Zucker
½ TL Salz

Eier in 8–10 Minuten hart kochen, abschrecken und schälen. Zwiebel schälen und fein hacken. Pellkartoffeln und Apfel schälen. Hering, Apfel, Gurke, Eier, Pellkartoffeln und Rote Beete in kleine Stücke schneiden und in eine Schüssel geben. Zwiebel dazugeben. Aus der Mayonnaise mit Gurkenwasser, Zucker und Salz eine Salatsoße anrühren. Über die Zutaten in der Schüssel gießen, vorsichtig umrühren und Schüssel abdecken. 1 Tag im Kühlschrank durchziehen lassen. Vor dem Servieren noch einmal durchmischen.

TIPP Für einen Matjessalat Matjes- statt Heringsfilets nehmen und die rote Zwiebel durch 3 Frühlingszwiebeln ersetzen.

Käsespätzle

In der schwäbischen Familie meines Freundes gilt: Spätzle müssen von Hand geschabt werden. Ich als Norddeutsche kann dazu nur sagen: Das Ergebnis wird bei Ungeübten dick, klumpig und unansehnlich. Mit Spätzlepresse oder Spätzlehobel kann dagegen wirklich jeder im Nu die leckere schwäbische Nudelspezialität selbst machen. Die Anschaffung lohnt sich allein für dieses Rezept! Linn

Für 4 Portionen
600 g Mehl
5 Eier, Größe M
250 ml Mineralwasser mit Kohlensäure
1 TL Salz
300–400 g geriebener Bergkäse
etwas schwarzer Pfeffer
4 Zwiebeln
50 g Butter

Den Backofen auf 200 °C vorheizen. Etwa 3 l gut gesalzenes Wasser in einem hohen Topf zum Kochen bringen. Eine feuerfeste Auflaufform ausfetten. Mehl in eine Schüssel sieben, Eier dazugeben und mit den Rührquirlen des Handrührgeräts vermengen. Mineralwasser nach und nach unterrühren, zum Schluss das Salz hinzufügen. Der Teig sollte zähflüssig vom Kochlöffel tropfen. Ist er zu fest, noch etwas Wasser zugeben, ist er zu flüssig, mit Mehl ausgleichen.

Den Teig portionsweise durch eine Spätzlepresse oder einen Spätzlehobel ins Wasser geben. Wenn die Spätzle oben schwimmen, sind sie fertig. Das dauert etwa 2–3 Minuten. Mit einer Schaumkelle abschöpfen, abtropfen lassen und in eine feuerfeste Form füllen, jede Lage Spätzle mit etwas Käse und einer Prise Pfeffer bestreuen. Den Vorgang so lange wiederholen, bis der Teig und der Käse verbraucht sind. Zuletzt 1 EL vom Kochwasser über die Spätzle verteilen.

Käsespätzle für 15 Minuten auf der mittleren Schiene in den vorgeheizten Backofen schieben. In der Zwischenzeit Zwiebeln schälen und in Ringe schneiden. Butter in einer Pfanne erhitzen und die Zwiebelringe darin bräunen. Die Käsespätzle aus dem Ofen nehmen und mit den Zwiebelringen bestreuen.

TIPP Ein Muss zu Käsespätzle ist ein frischer grüner Blattsalat.

Schupfnudeln

Die leckeren Kartoffelteilchen sind auch als Bubaspitzle, Schoppala oder Fingernudeln bekannt. Das erste Mal habe ich Schupfnudeln auf dem Stuttgarter Weihnachtsmarkt probiert, dort gibt es sie zusammen mit Sauerkraut. Meine Freundin Ilka verriet mir das Rezept ihrer Oma, bei der es die »Bubaspitzle« sonntags zum Braten und unter der Woche einfach mit einem grünen Salat gibt. Linn

Für 4 Portionen
1 kg mehlig kochende Kartoffeln
150 g Mehl
2 Eier, Größe M
1 TL Salz
1 Prise frisch geriebene Muskatnuss
2 EL Öl oder Butterschmalz

Kartoffeln waschen, in kochendem Wasser in der Schale gar kochen und abkühlen lassen. Dann pellen, durch eine Kartoffelpresse in eine Schüssel drücken oder mit einem Stampfer zerdrücken. Mehl, Eier, Salz und Muskatnuss hinzufügen und mit den Händen zu einem Teig verkneten, der nicht mehr kleben sollte. Notfalls etwas Mehl oder Wasser hinzufügen, bis er die richtige Konsistenz hat.

Teig zu einer Rolle von etwa 5 cm Durchmesser formen. Rolle in 1 cm dicke Stücke schneiden. Jedes Stück zwischen den Handflächen oder auf einer bemehlten Arbeitsfläche hin- und herrollen und zu länglichen, an beiden Enden spitz zulaufenden Rollen formen. Fortfahren, bis der ganze Teig verbraucht ist. 2 EL Öl oder Butterschmalz in einer Pfanne erhitzen und die Schupfnudeln bei mittlerer Hitze unter mehrmaligem Wenden goldgelb backen.

TIPP Mit einem Blattsalat, z. B. Feldsalat servieren. Die Menge im obigen Rezept ist als Beilage gedacht. Schupfnudeln lassen sich auch prima aus übrig gebliebenen Pellkartoffeln vom Vortag zubereiten.

Schwammerlgulasch mit Semmelknödeln

Dieses Gericht weckt bei mir Kindheitserinnerungen an herbstliche Wanderferien in Bayern. Wie alle Kinder hasste ich natürlich lange Wanderungen. Nur weil mein Vater mich stündlich mit der Aussicht auf Knödel mit Pilzsoße lockte – wie den Esel mit der Mohrrübe – sitze ich nicht heute noch schmollend auf einem Stein. Irgendwo zwischen Berg und See.   Birgit

Für 4 Portionen

Semmelknödel:

8 Brötchen (Semmeln) vom Vortag
150 ml Milch
½ Bund Petersilie
2 Eier, Größe M
Salz, Pfeffer, Muskatnuss nach Geschmack

Pilzgulasch:

½ Bund Petersilie
1 Zwiebel
800 g gemischte Pilze (z. B. Champignons, Pfifferlinge, Maronen)
2 EL Butter
1 TL frische Thymianblättchen
125 ml trockener Weißwein
250 g Sahne
1 Prise Zucker
Salz nach Geschmack
etwas schwarzer Pfeffer
etwas frisch geriebene Muskatnuss

Für die Semmelknödel Brötchen in Würfel mit 2 cm Seitenlänge schneiden und in eine Schüssel geben. Milch erhitzen und über die Semmelwürfel gießen, 30 Minuten zugedeckt ziehen lassen. Petersilie waschen, trocken schütteln und fein hacken. Gehackte Petersilie und Eier zu den eingeweichten Semmelwürfeln geben. Gut durchkneten und kräftig mit Salz, Pfeffer und Muskatnuss würzen. In einem großen Topf kräftig gesalzenes Wasser aufkochen. Mit angefeuchteten Händen 8 Knödel formen. Knödel in das kochende Wasser legen und einmal aufkochen. Hitze stark reduzieren und Knödel 20 Minuten gar ziehen lassen.

Für das Pilzgulasch Petersilie waschen, trockenschütteln und fein hacken. Zwiebel schälen und fein würfeln. Pilze putzen, größere Pilze halbieren. Butter in einer großen Pfanne erhitzen. Zwiebel darin anschwitzen. Pilze, Petersilie und Thymianblättchen dazugeben und alles etwa 5 Minuten anbraten. Mit Wein ablöschen und aufkochen, bis der Wein ganz verdampft ist. Sahne angießen und 2–3 Minuten unter Rühren kochen lassen, bis die Soße sämig ist. Mit Zucker, Salz, Pfeffer und Muskatnuss abschmecken. Mit den Semmelknödeln servieren.

TIPP Pilze nie waschen, da sie sich schnell mit Wasser vollsaugen und dann schwammig werden. Lieber sorgfältig mithilfe einer Pilzbürste (Küchenfachhandel) reinigen. Wer mag, streut gehackte Petersilie über das Gericht.

Backfisch mit Kartoffelsalat

Warum freitags früher meistens Fisch gegessen wurde? In Anlehnung an den Karfreitag vor Ostern galt jeder Freitag als Fastentag, an dem man als guter Katholik oder auch Protestant kein Fleisch essen durfte. Heute sind die Regeln nicht mehr so streng, trotzdem war der Freitag bei uns zu Hause traditionell Fischtag. Der Hamburger Kartoffelsalat mit knackigen Apfelstücken dazu überzeugt sogar den süddeutschen Teil meiner Familie. Linn

Für 4 Portionen

Kartoffelsalat:

1 kg festkochende Kartoffeln
Salz nach Geschmack
1 Ei, Größe M
4 Gewürzgurken
1 großer, säuerlicher Apfel
(etwa 200 g)
250 g Mayonnaise
½ TL edelsüßes
Paprikapulver
etwas schwarzer Pfeffer
½ Bund Schnittlauch

Backfisch:

800 g Fischfilet, z. B.
Seelachs oder Rotbarsch
Saft von 1 Zitrone
Salz nach Geschmack
2 EL Mehl
1 Ei, Größe M
100 g Paniermehl
5–8 EL Pflanzenöl
4 halbe Zitronenscheiben

Für den Kartoffelsalat Kartoffeln waschen und mit Schale in etwa 20 Minuten in kochendem Salzwasser garen. Abgießen, kalt abschrecken und etwas auskühlen lassen. Kartoffeln schälen und in 5 mm dicken Scheiben in eine Schüssel schneiden. Ei in 8–10 Minuten hart kochen, kalt abschrecken, schälen, klein schneiden und zu den Kartoffeln geben. Gurken fein würfeln, ebenfalls dazugeben. Zuletzt den Apfel schälen, würfeln, mit der Mayonnaise zum Salat geben und alles vorsichtig vermischen. Mit Paprikapulver, Salz und Pfeffer würzen. Zum Schluss den Schnittlauch in feine Röllchen schneiden und über den Salat streuen.

Für den Bratfisch das Fischfilet waschen, trocken tupfen und in Portionsstücke (z. B. Stäbchen) schneiden. Mit Zitronensaft beträufeln und salzen. »Panierstation« mit drei Tellern vorbereiten: Auf den ersten Teller kommt das Mehl, auf den zweiten das verquirlte Ei, auf den dritten das Paniermehl. Fischstücke nacheinander in Mehl, verquirltem Ei und Paniermehl wenden. Panade etwas andrücken. Öl in einer Pfanne erhitzen und die panierten Fischfilets etwa 4 Minuten von jeder Seite bei mittlerer Hitze knusprig braun braten. Zusammen mit dem Kartoffelsalat auf den Tellern anrichten und mit je einer halben Zitronenscheibe garnieren.

TIPP Wer mag, kann Kokosraspel oder gehackte Nüsse unter die Panade mischen.

Irma Spurzem aus der Eifel

Tradition mit Frischekick

Wer beim Wort »Heimwehküche« nur an Filterkaffee, bunte Topflappen und Blümchensofa denkt, der sollte mal bei Irma Spurzem vorbeischauen: Die neue Designerküche ist in dezenten Brauntönen gehalten, der riesige Chromkühlschrank glänzt mit der schwarzen Arbeitsplatte um die Wette, die Wohnung ist hell, sehr geschmackvoll und reduziert eingerichtet. In der schicken Neubauwohnung fühlt sich Irma wohl – erst vor einem halben Jahr ist sie mit ihrem Mann aus dem großen Bungalow mit Blick auf die hügelige Landschaft der Vulkaneifel bei Koblenz noch mal in eine Großstadt umgezogen. Erstens, weil da mehr los ist, zweitens, weil Sohn und Schwiegertochter hier wohnen. Die kommen jetzt oft zum Essen vorbei – sehr zur Freude der beiden, denn den original rheinischen Döppekooche kriegt nur Irma so gut hin.

Auch wenn die Portionen oft ziemlich reichhaltig sind – Irma Spurzem ist von früher eben ganz andere Bewirtungsdimensionen gewöhnt: Sie führte 30 Jahre lang gemeinsam mit ihrem Mann als Hauswirtschaftsleiterin das Gästehaus der Landesregierung NRW in Bonn. Da richteten sie Essen und Empfänge für 50 oder mehr Personen aus, auch mal ein Gartenfest für 5000 Personen. Johannes Rau, Joschka Fischer, Gerhard Schröder, Helmut Schmidt, internationale Politikgrößen und Künstler wie Henry Moore und Leonard Bernstein – sie haben alle schon bei Irma gespeist. Und von jedem kann sie eine Geschichte erzählen. »Da könnte man ganze Bücher drüber schreiben«, sagt sie. Wer weiß – bei Irma durchaus vorstellbar.

Döppekooche

*Auf Hochdeutsch heißt Döppekooche einfach »Topfkuchen«. Ein typisch
rheinisches Gericht, das traditionell im Herbst gegessen wird. Irma Spurzem bereitet den Döppekooche nach einem alten Rezept ihrer Mutter zu.
Durch Zugabe von Magerquark wird er hell und leicht. Kein Wunder, dass
Irmas Sohn Karl so davon schwärmt! Von ihm bekamen wir den Tipp –
und sind jetzt ebenfalls Mitglieder von »Esst mehr Döppekooche e.V.«.*

Für 6–8 Portionen

*1 l Milch
6 Brötchen vom Vortag
2 kg Kartoffeln
1 kg Zwiebeln
250 g Räucherspeck
6 Eier, Größe M
etwas schwarzer Pfeffer
etwas frisch geriebene
Muskatnuss
Salz nach Geschmack
500 g Magerquark
8 EL Pflanzenöl
8 geräucherte Kochwürste*

Milch etwas erwärmen. Brötchen darin einweichen. Kartoffeln schälen und fein reiben.
Zwiebeln schälen, fein würfeln. Räucherspeck
ebenfalls fein würfeln. Geriebene Kartoffeln
und Zwiebeln in einer großen Schüssel vermischen. Eier dazugeben, kräftig mit Pfeffer, frisch
geriebener Muskatnuss und Salz würzen. Brötchen etwas ausdrücken, mit dem Quark zur
Kartoffelmasse geben und alles gut vermengen.
Backofen auf 180 °C Ober-/Unterhitze (Umluft
160 °C) vorheizen.

In einem großen Topf oder Bräter den Räucherspeck im Öl bei mittlerer Hitze etwas anschwitzen. Kartoffelmasse dazugeben und gründlich
mit den Speckwürfelchen vermischen. Die
Würste kreuz und quer in die Teigmasse stecken, sie sollen völlig darin ver-
schwinden. Oberfläche etwas glatt streichen. Den Topf ohne Deckel auf die
mittlere Schiene in den vorgeheizten Backofen stellen und den Döppekooche
2 Stunden garen. Backofen nach etwa 1½ Stunden auf Unterhitze umschal-
ten, sonst wird die Kruste zu dunkel.

Frankfurter Grüne Soße

Sieben Kräuter müssen hinein. Soweit sind sich fast alle einig. Doch darüber hinaus hat jeder hessische Haushalt in und um Frankfurt sein eigenes Rezept der »Grie' Soß« – so auch die Familie meines Mannes. Dessen Oma drehte die berühmten sieben Kräuter immer »durchs Mühlche« sprich durch den Fleischwolf, damit sie möglichst fein zerkleinert werden. (»Sonst könnt' mer ja gleich Kräuterquark esse.«) Das Rezept ist super – ich empfehle jedoch die Zubereitung im Mixer. Birgit

Für 4 Portionen

9 Eier, Größe L
1 Kräuterstrauß
»Frankfurter Grüne Soße«
(beim Gemüsehändler vorbestellen; ersatzweise je 1 Bund Schnittlauch, Petersilie, Borretsch, Sauerampfer, Pimpinelle, Kerbel und 1 Kästchen Kresse)
200 g Schmand
(24% Fettgehalt)
400 g Sauerrahm
(10% Fettgehalt)
125 g Magerquark
1 gestrichener TL Senf
2 TL Salz
1 kg festkochende Kartoffeln
½ TL Kümmelsamen
ein paar Butterflöckchen

Eier in 8–10 Minuten hart kochen, schälen und 1 Ei klein hacken, beiseitestellen. Alle Kräuter waschen, trocken tupfen und grob hacken. Zusammen mit dem Schmand in den Mixer geben und pürieren. Nach und nach Sauerrahm, Quark, Senf und 1 gestrichenen TL Salz hinzufügen. Alles zusammen aufmixen. Die Soße sollte eine cremige Konsistenz haben. In eine Schüssel geben und das gehackte, hart gekochte Ei unterrühren, nach Geschmack noch etwas nachsalzen.

Kartoffeln mit 1 TL Salz und dem Kümmel in einen Topf geben, mit kaltem Wasser knapp bedecken, Deckel aufsetzen, zum Kochen bringen und in etwa 20 Minuten bei mittlerer Hitze gar kochen. Kochwasser abgießen, Kartoffeln auf der ausgeschalteten Herdplatte kurz durchrütteln, damit sie abdampfen können, dann schälen und warm halten.

Pro Person je 1 Kelle Grüne Soße auf einen Teller gießen und 2 halbierte oder geviertelte hart gekochte Eier zusammen mit gepellten Kartoffeln in die Soße setzen. Butterflöckchen und Salz nach Geschmack auf die Kartoffeln geben.

TIPP Wer keinen Mixer besitzt, hackt die Kräuter so fein wie irgend möglich, am besten mit einem Wiegemesser, und verrührt die Zutaten mit dem Schneebesen.

Flottbeker Salat

Bei meiner Freundin Kirstin, die ich als Kind fast jeden Tag besuchte, wohnte die Oma in einer Dachwohnung mit im Elternhaus. Ganz oft spielten wir »feine Dame« und besuchten sie, verkleidet mit riesigen Hüten und viel zu langen Kleidern. Kirstins Oma empfing uns in ihrer kleinen Wohnstube und servierte diese Variante des New Yorker Waldorfsalats auf Toastbrot, immer schön garniert mit Mandarinenscheiben. Linn

Für 4 Portionen

Mayonnaise:

2 Eigelb
3 TL Weißweinessig
1 TL Senf
Salz nach Geschmack
200 ml neutrales Pflanzenöl
(z. B. Maiskeimöl, Rapsöl,
Sonnenblumenöl)
3–4 EL Sahne
etwas schwarzer Pfeffer

Salat:

400 g Knollensellerie
2 säuerliche Äpfel
(z. B. Elstar)
2 EL Zitronensaft
50 g Walnusskerne
1 Dose Mandarinen (175 g)
Salz nach Geschmack
etwas schwarzer Pfeffer
1 Prise Zucker nach
Geschmack

Für die Mayonnaise alle Zutaten rechtzeitig aus dem Kühlschrank nehmen, sie müssen zimmerwarm sein. Eigelbe mit Essig, Senf und Salz mit dem Stabmixer oder den Rührquirlen des Handrührgeräts zu einer homogenen Masse aufschlagen. Nach und nach langsam das Öl in die Eimasse laufen lassen, dabei das Rühren nicht unterbrechen, bis das ganze Öl verbraucht ist. Sahne ebenfalls unterrühren, damit die Mayonnaise nicht mehr ganz so fest ist. Mit Salz und Pfeffer abschmecken, kalt stellen.

Für den Salat Sellerie schälen und in Stifte hobeln, Äpfel waschen, vierteln, nach Belieben schälen, Kerngehäuse entfernen und ebenfalls hobeln. Sellerie- und Apfelstifte sofort mit Zitronensaft beträufeln, damit sie nicht braun werden, und in einer großen Schüssel mit der Salatmayonnaise vermischen. 4–6 Walnusshälften für die Garnitur beiseitelegen, Rest grob hacken und unter den Salat mischen.

Mandarinen in einem Sieb gut abtropfen lassen, den Saft auffangen. 1 EL Mandarinensaft unter den Salat mischen. 8–12 Mandarinenschnitze beiseitelegen, restliche Mandarinen in den Salat geben. Alles gut durchmischen. Noch einmal mit Salz, Pfeffer und 1 Prise Zucker abschmecken. Abgedeckt im Kühlschrank etwa 2–4 Stunden durchziehen lassen. Mit Mandarinenschnitzen und Walnusshälften anrichten.

TIPP Statt Äpfel Birnen und/oder statt Mandarinen Ananas für den Salat verwenden.

Mainzer Schneegestöber

Silvester feierten wir früher oft im nahe gelegenen Mainz. Bei Onkel Heinz und Tante Lotti, in ihrer festlich mit Girlanden und Luftschlangen geschmückten Wohnung. Während die Erwachsenen »Kalte Ente« tranken und mit Flitter und lustigen Papphütchen im Haar tanzten, machten wir Kinder uns am Buffet zu schaffen. Vor allem auf die Glasschüssel mit dem Mainzer Schneegestöber – einem angemachten Frischkäse auf rheinhessische Art: weiß, frisch, cremig, köstlich – hatten wir es abgesehen. Wir stippten ihn blitzschnell mit kleinen Salzbrezelchen auf. Sehr zum Leidwesen der Erwachsenen. Birgit

Für 4 Portionen

200 g Doppelrahmfrischkäse
200 g milder, vollreifer Camembert
50 g weiche Butter
1 Zwiebel
Salz nach Belieben
etwas schwarzer Pfeffer
2 Frühlingszwiebeln

Frischkäse in eine Schüssel füllen und mit einer Gabel cremig rühren. Camembert in kleine Stücke schneiden, mit der Butter zum Frischkäse geben, alles gut vermengen. Zwiebel fein hacken, ebenfalls unterrühren. Mit Salz und Pfeffer abschmecken. Frühlingszwiebeln in feine Ringe schneiden und das Schneegestöber damit garnieren.

TIPP Schneegestöber am besten als kleine Mahlzeit mit frischem Graubrot und Radieschen oder zum Wein mit kleinen Salzbrezeln servieren. Der Camembert darf nicht zu intensiv schmecken, da er sonst dem Gericht die Frische nimmt. Deutscher Camembert ist hier die bessere Wahl. Und das Schneegestöber muss frisch gegessen werden, weil die rohen Zwiebeln sonst bitter werden.

Finkenwerder Maischolle

Scholle gab es bei uns zu Hause nie. Ich kenne aber das Gericht von den Familienausflügen zur Apfelblüte ins Alte Land, deshalb ist es für mich ein echtes Frühlingsessen. Dabei kann Scholle eigentlich das ganze Jahr über zubereitet werden. Im Winter ist das Fleisch etwas fester, im Mai, Juni und Juli besonders zart. Linn

Für 4 Portionen

*4 küchenfertige Schollen
(à etwa 300 g)
Saft von ½ Zitrone
Salz nach Geschmack
etwas schwarzer Pfeffer
125 g Räucherspeck
6 EL Mehl
4 EL Butterschmalz
3 EL gehackte Petersilie
4 Zitronenscheiben*

Schollen in kaltem Wasser waschen und trocken tupfen, jeden Fisch außen und innen mit etwas Zitronensaft beträufeln, salzen und pfeffern. Die dunkle Hautseite der Schollen dreimal mit einem scharfen Messer diagonal etwa 1 mm tief einschneiden. Räucherspeck fein würfeln. Mehl auf einen großen Teller streuen, Schollen darin wenden und Mehl etwas abklopfen.

Butterschmalz in einer großen beschichteten Pfanne erhitzen, die Schollen zuerst auf der dunklen Hautseite bei milder Hitze anbraten, nach 4 Minuten wenden und auf der hellen Seite in weiteren 3 Minuten fertig braten. Währenddessen die Speckwürfel in einer zweiten Pfanne erst bei milder Hitze auslassen, dann Hitze höher schalten und unter häufigem Rühren goldbraun braten. Die Schollen auf Tellern anrichten, Speckwürfel darauf verteilen, mit Petersilie und je 1 Zitronenscheibe garnieren.

TIPP Noch maritimer wird's, wenn statt der Speckwürfel Nordseekrabben in Butter 2–3 Minuten erwärmt und mit der Scholle serviert werden. Zur Scholle passen Butterkartoffeln und in der Saison ein kleiner Spargelsalat mit einem Dressing aus Essig, Öl und frischen Kräutern.

Zwiebelkuchen

Das Freibad hat geschlossen, die Sommerbräune ist verblasst, und der Holzkohlegrill hat sich in den Keller verzogen. Es ist Herbst. Zeit für gesellige Abendrunden in der Küche. Zeit für Federweißen, Brauser oder Sturm – den prickelnden, noch nicht durchgegorenen jungen Wein. Und Zeit für Zwiebelkuchen, weil der so gut dazu schmeckt. Ist doch gar nicht so übel, der Herbst.

Für 1 Backblech

Teig:

500 g Mehl
1 Würfel frische Hefe
(42 g; oder 1 Päckchen Trockenhefe)
1 Prise Zucker
250 ml lauwarme Milch
50 g Butter
1 Prise Salz

Belag:

6 große Zwiebeln
250 g Räucherspeck
2 EL Butter
200 g Sauerrahm
200 g Sahne
3 Eier, Größe M
1 EL Speisestärke
1 TL Kümmelsamen
½ TL Salz

Mehl in eine Schüssel sieben, eine Mulde hineindrücken. Hefe in die Mulde bröseln, 1 Prise Zucker und 4 EL von der Milch zur Hefe geben. Vorsichtig mit etwas Mehl vermischen. Vorteig in der Schüssel zugedeckt an einem warmen Ort 20 Minuten gehen lassen, bis er Blasen wirft. Butter zerlassen. Restliche Milch und Salz mit der Butter zum Vorteig geben. Mit den Händen so lange kneten, bis kein Teig mehr an den Fingern kleben bleibt. Das dauert etwa 3–4 Minuten. Aus dem Teig eine Kugel formen, in eine Schüssel legen und zugedeckt an einem warmen Ort weitere 40 Minuten gehen lassen, bis sich das Volumen fast verdoppelt hat.

Für den Belag Zwiebeln schälen und in feine Ringe schneiden. Räucherspeck in ganz dünne Streifen schneiden. Butter in einer großen Pfanne zerlassen, Räucherspeck und Zwiebeln darin bei mittlerer Hitze andünsten. Vom Herd nehmen und abkühlen lassen. Ein Backblech einfetten. Den Backofen auf 180 °C Umluft vorheizen. Teig noch einmal kurz mit den Händen durchkneten, auf einer bemehlten Fläche ausrollen und auf das Backblech legen. Ränder etwas hochdrücken.

Sauerrahm, Sahne, Eier, Speisestärke, Kümmel und Salz in einer Schüssel verrühren. Abgekühlte Zwiebel-Speck-Mischung unterheben und alles gleichmäßig auf den Hefeteig streichen. Backblech auf die mittlere Schiene in den vorgeheizten Backofen schieben und Zwiebelkuchen 40 Minuten backen. Herausnehmen, etwas abkühlen lassen, in Stücke schneiden und lauwarm servieren.

Kartoffelpuffer

Freitags ging ich mit zwei Freundinnen nach der Schule oft zu Oma Zick – Kartoffelpuffer essen. Oma Zick war einerseits gefürchtet: Jedes Mal, wenn wir Kinder unten im Hof etwas lauter spielten und tobten, stieß sie aus dem Fenster ihrer Dachgeschosswohnung Flüche und Drohungen aus. Andererseits machte sie die besten Kartoffelpuffer weit und breit. Vielleicht ja nur, damit sie einmal in der Woche ihre Ruhe hatte. Denn wir schlugen uns die Bäuche regelmäßig so voll mit den köstlich-fettigen Puffern, dass an Herumtoben nicht mehr zu denken war. Zumindest für diesen Nachmittag. Birgit

Für etwa 20 Stück
1½ kg mehlig kochende Kartoffeln
1 TL Salz
8–12 EL Pflanzenöl

Kartoffeln schälen, waschen und auf der mittelfeinen Seite einer Haushaltsreibe in eine Schüssel reiben. Kräftig salzen. Kartoffelmasse sofort weiterverarbeiten, da sie sonst braun und unansehnlich wird!

Vom Öl 6 EL in einer großen, schweren Pfanne erhitzen. Jeweils 1 gehäuften EL Kartoffelmasse in die Pfanne geben und sofort mit dem Löffelrücken flach drücken. Puffer bei mittlerer Hitze auf jeder Seite etwa 3 Minuten braten, bis sie innen gar und außen knusprig sind. Herausnehmen und zum Abtropfen auf Küchenpapier legen. Vorgang wiederholen, bis die Kartoffelmasse verbraucht ist. Jeweils nach Bedarf neues Öl dazugeben.

TIPP Die Puffer schmecken am besten, wenn sie direkt aus der Pfanne auf den Tisch kommen. Beim Warmhalten verlieren sie viel von ihrer Knusprigkeit. Zu den Kartoffelpuffern Apfelmus servieren. Das muss unbedingt kalt sein.

Kalbsleber nach Art der Ziemer-Oma

Ein Lieblingsgericht meines Mannes – aber nur, wenn es genauso zubereitet wird wie damals bei seiner Oma: »Die Leber war außen knusprig, innen zart – und die Zwiebeln liefen samt reichlichem Bratfett wie Lavaströme den Kartoffelbreiberg hinunter. Das war mein Schönstes!« Heute runzeln manche die Stirn ob der Fettmenge – aber: Es schmeckt einfach super. Und man muss es ja nicht jeden Tag essen. Birgit

Für 4 Portionen

Kartoffelpüree:

800 g mehlig kochende
Kartoffeln
Salz
125 ml Milch
1 EL Butter
1 Messerspitze geriebene
Muskatnuss

Kalbsleber:

2 große Zwiebeln
Salz nach Geschmack
1 TL Zucker
5 EL Sonnenblumenöl
2 EL Butter
4 Scheiben Kalbsleber
(à etwa 200 g)
2 EL Mehl
2 große Äpfel
etwas schwarzer Pfeffer

Für das Püree die Kartoffeln schälen, halbieren und in einem Topf mit Salzwasser etwa 20 Minuten weich kochen. Mit dem Kartoffelstampfer zerdrücken, dann nach und nach Milch, Salz, Butter und Muskatnuss unter den Kartoffelbrei rühren. Zugedeckt warm stellen.

Für die Kalbsleber Zwiebeln fein hacken und mit Salz und Zucker langsam in 3 EL Öl und 2 EL Butter in einer Pfanne anbraten, bis sie weich und gebräunt sind. Herausnehmen und warm stellen. Kalbsleberscheiben in Mehl wenden und im restlichen Öl (2 EL) in der Pfanne von beiden Seiten etwa 1 Minute scharf anbraten, herausnehmen und auf einer vorgewärmten Platte im vorgeheizten Backofen bei 60 °C warm stellen. Die Pfanne vom Herd nehmen.

Äpfel schälen, Gehäuse mit dem Apfelausstecher entfernen und Äpfel in etwa 1 cm dicke Scheiben schneiden. Die Pfanne wieder auf den Herd stellen, und die Apfelscheiben im Bratfett der Kalbsleber von beiden Seiten anbraten.

Die Leber aus dem Ofen nehmen, salzen, pfeffern und mit den Apfelscheiben belegen. Mit Püree und Zwiebeln auf den Tellern anrichten.

TIPP Man kann das Gericht natürlich auch mit Rinderleber zubereiten. Das ist wesentlich preisgünstiger, schmeckt aber nicht ganz so fein.

Königsberger Klopse

Als ich zum ersten Mal Königsberger Klopse machte, schien alles ganz einfach. Ich hatte ja schließlich das sehr gute Rezept der Großmutter meines Mannes. Aber irgendetwas stimmte nicht. Es schmeckte einfach nur langweilig. Ich griff zum Telefon: »Oma, was fehlt?« – Kurze Stille in der Leitung und dann: »Kind, du hast das Kapernwasser vergessen!« In der Tat. Genau das ergibt den säuerlich-salzigen Geschmackskick, der Königsberger Klopse von gekochten Hackbällchen in weißer Soße unterscheidet. Birgit

Für 4 Portionen
2 Brötchen vom Vortag
1 große Zwiebel
750 g gemischtes Hackfleisch
Salz nach Geschmack
etwas schwarzer Pfeffer
etwas geriebene Muskatnuss
3 Eier, Größe M
2 EL Butter
2 gehäufte EL Mehl
250 ml Milch
100 g Kapern (mit Flüssigkeit)
1 Eigelb
50 g Sahne
½ TL Zucker
1 TL frisch gepresster Zitronensaft

Brötchen in Wasser einweichen. Zwiebel fein würfeln. Hackfleisch in eine Schüssel geben, ausgedrückte Brötchen, Zwiebelwürfel, Salz, Pfeffer, Muskat und Eier dazugeben und alles gut verkneten. Mit angefeuchteten Händen 20 Klopse formen.

In einem großen Topf 2 l Wasser mit reichlich Salz aufkochen. Klopse hineingeben und 10 Minuten bei schwacher Hitze gar ziehen, aber nicht kochen lassen. Klopse herausnehmen, vom Kochwasser ½ l abmessen und alles beiseitestellen.

Butter in einem Topf schmelzen, Mehl darin anschwitzen. Milch und Kochwasser nach und nach dazugießen, dabei ständig mit dem Schneebesen rühren, damit sich keine Klümpchen bilden. Soße 10 Minuten auf der ausgeschalteten Herdplatte ohne Deckel ausquellen lassen. Ab und zu umrühren. Kapern mit der Flüssigkeit einrühren. Eigelb mit Sahne verquirlen und in die Soße geben. Mit Salz, Pfeffer, Zucker und Zitronensaft abschmecken. Klopse in die Soße geben. Alles noch einmal erhitzen, aber nicht kochen lassen.

TIPP Dazu passt ganz wunderbar ein Salat aus gekochter Roter Bete mit etwas Salz, Öl und frisch geriebenem Meerrettich.

Wirsingrouladen

Das sind die vornehmen Verwandten der deftigen Kohlrouladen. Sie kommen aus dem Badischen, wo man seit jeher die raffinierten Genüsse schätzt: Zarter Wirsing statt derbem Weißkraut, fruchtige Tomatensahne statt Specksoße. Und auch das Innenleben hat sich fein gemacht: mageres Rinderhack und frische Kräuter. Fast schon ein Sonntagsessen.

Für 4 Portionen
8 große Wirsingblätter
2½ TL Salz
1 Zwiebel
500 g Rinderhackfleisch
1 Ei, Größe M
2 EL Paniermehl
etwas schwarzer Pfeffer
1 Prise frisch geriebene Muskatnuss
1 TL frische Thymianblättchen
1 EL fein gehackte Petersilie
2 EL Pflanzenöl
1 große Dose geschälte Tomaten (850 g)
1 TL Zucker
5 EL Sahne
1 Döschen Safran (0,1 g)

Wirsingblätter waschen, trocken tupfen und die Mittelrippen flach schneiden. In einem großen Topf Wasser mit 1 TL Salz zum Kochen bringen. Wirsingblätter ins kochende Wasser geben und 2 Minuten blanchieren. Mit der Schaumkelle herausnehmen und sofort in möglichst kaltem Wasser abschrecken, damit sie ihre schöne, grüne Farbe behalten. Zwiebel fein hacken.

Hackfleisch in einer Schüssel mit Zwiebel, Ei, Paniermehl, 1 TL Salz, Gewürzen und Kräutern vermischen. Wirsingblätter einzeln flach auf eine Arbeitsfläche legen. Auf jedes Blatt etwa 2 EL der Hackfleischfüllung geben. Blätter, von der Mittelrippe ausgehend, aufrollen, dabei die Seiten mit einschlagen. Mit Küchengarn zu Päckchen binden. Den Backofen auf 180 °C Umluft vorheizen.

Öl in einer großen Pfanne erhitzen. Wirsingrouladen darin von beiden Seiten etwa 1 Minute scharf anbraten. Herausnehmen, beiseitestellen. Tomaten in die Pfanne geben, aufkochen, dabei mit dem Holzspatel in kleine Stücke zerteilen. Zucker, ½ TL Salz, Sahne und Safran dazugeben und alles unter Rühren kurz kochen. Tomatensoße in eine flache Auflaufform füllen. Die 8 Wirsingpäckchen darauf verteilen und etwas in die Soße drücken. Auf die mittlere Schiene in den vorgeheizten Backofen schieben und etwa 30 Minuten garen.

TIPP Die Wirsingrouladen mit dicken Scheiben Kastenweißbrot oder Salzkartoffeln servieren. Noch kleiner und feiner werden die Rouladenpäckchen mit Spinatblättern anstelle des Wirsings. Dann heißen sie *Laubfrösche*. Vorteil: Der Spinat muss nicht blanchiert werden. Nachteil: Die kleinen, zarten Blätter sind schwieriger zu füllen. Pro Person vier »Laubfrösche« zubereiten.

Maultaschen

Es gibt nur ein Rezept für die einzig wahren Maultaschen – und in jeder Familie ist das ein anderes. Dieses wurde mir allerwärmstens von dem schwäbischen Teil meiner Familie empfohlen. Den Nudelteig dazu soll-ten Sie am besten fertig kaufen, da die Herstellung der Teigtaschen sonst sehr zeitraubend wird. Es gibt ihn in gut sortierten Supermärkten im Kühlregal zu kaufen, in Baden-Württemberg kann man ihn sogar in vielen Orten beim Bäcker vorbestellen. Linn

Für 4–6 Portionen

1–2 Stangen Lauch
4 Landjäger (alternativ eine andere Dauerwurst)
1 Bund Petersilie
500 g Bratwurstbrät
500 g gemischtes Hackfleisch
2 Eier, Größe M
Salz nach Geschmack
etwas schwarzer Pfeffer
1 kg Frischnudelteig (Supermarkt)

Für die Füllung Lauch waschen, putzen und fein schneiden. Landjäger fein würfeln. Peter-silie waschen und fein hacken. Alle Zutaten zusammen mit Bratwurstbrät, Hackfleisch und Eiern in eine große Schüssel füllen und kräftig durchkneten. Nach Geschmack mit Salz und Pfeffer würzen.

Den Frischnudelteig auseinanderfalten und am besten auf Backpapier auslegen. Je nach der Breite des Teigs ein etwa 50–70 cm langes Stück abtrennen, sodass eine rechteckige Fläche ent-steht. Die Füllung gut 1 cm dick mit einem Teigschaber auf dem Teig verstreichen. Dann ein etwa 7 cm breites Teigstück wie beim Falten von Papier vom schmalen Ende her auf ganzer Breite vorsichtig umklappen. Den so entstandenen Strei-fen noch etwa zweimal umklappen, bis der ganze Nudelteig samt Füllung flach zusammengefaltet ist. Dieses flache Zusammenfalten ist charakteris-tisch – Maultaschen sind keine Ravioli.

Mit dem Rand einer Untertasse etwa alle 10 cm den gefüllten Teigstreifen eindrücken, dann diese Markierungen mit einem Messer durchschneiden, sodass Rechtecke von etwa 8 x 10 cm Seitenlänge entstehen. Die Schnittkan-ten mit den Fingern noch einmal gut zusammendrücken. Mit den restlichen Teigblättern genauso verfahren, bis Teig und Füllung verbraucht sind. Einen großen Topf mit Salzwasser zum Kochen bringen. Maultaschen ins sprudeln-de Wasser geben und 10–15 Minuten kochen. Die fertigen Maultaschen mit einem Schaumlöffel herausnehmen und warm stellen.

TIPP Maultaschen als Suppeneinlage in Fleischbrühe (Seite 25) oder als Hauptgericht in Butter geschwenkt mit gerösteten Zwiebeln servieren. Dazu passen Kartoffelsalat (Seite 89) und grüner Blattsalat.

Frankfurter Rippchen mit Sauerkraut

Nie hätte ich gedacht, dass ich sie mal vermissen würde, die »Frankforter Rippcher«. In den Apfelweinwirtschaften sind sie so selbstverständlich wie »Handkäs mit Musik«, jeder Frankfurter Metzger packt sie ohne Zögern in die Tüte, wenn man sie verlangt. Aber probieren Sie das in Hamburg, dann ernten Sie verständnislose Blicke: Was soll das denn sein? Meinen Sie vielleicht Kasseler? Nein, meine ich nicht. Kasseler ist geräuchert und gepökelt, Frankfurter Rippchen sind nur gepökelt. Aha. Erstauntes Stirnrunzeln. Ja, Leute, das gibt's wirklich. Und es schmeckt sogar! Birgit

Für 4 Portionen

Sauerkraut:

1 Zwiebel
1 Apfel
1 EL Butter- oder Schweineschmalz
500 g frisches Sauerkraut
1 Lorbeerblatt
2 Wacholderbeeren
1 TL Zucker
1 Prise Salz
100 ml Apfelwein

Rippchen:

1 kleine Zwiebel
1 Lorbeerblatt
1 Gewürznelke
4 gepökelte Rippchen
(Schweinekoteletts;
à etwa 250 g)

Für das Sauerkraut Zwiebel schälen und fein würfeln. Apfel schälen und in Scheiben schneiden. Butter- oder Schweineschmalz in einem breiten Topf erhitzen, Zwiebelwürfel darin anbraten, bis sie glasig sind. Sauerkraut dazugeben, ebenfalls anbraten, dabei mit zwei Gabeln etwas zerpflücken. Lorbeerblatt, Wacholderbeeren, Zucker, Salz und Apfelstücke dazugeben, etwa 5 Minuten mitschmoren. Apfelwein angießen, Deckel auf den Topf setzen und bei geringer Hitze etwa 40 Minuten köcheln lassen. Ab und zu umrühren.

In der Zwischenzeit in einem Topf etwa 1½ l Wasser erhitzen. Zwiebel schälen und einen Schlitz hineinschneiden, das Lorbeerblatt dort einstecken. Gewürznelke ebenfalls in die Zwiebel stecken. Gespickte Zwiebel ins kochende Wasser geben und 3 Minuten kochen lassen. Dann die Rippchen dazugeben, ebenfalls 3 Minuten kochen, Hitze auf kleinste Stufe reduzieren und Rippchen 15 Minuten ziehen lassen. Herd ausschalten und Rippchen weitere 15 Minuten ziehen lassen. Herausnehmen und mit dem Sauerkraut servieren.

TIPP Dazu passt Kartoffelpüree oder ein dickes Stück Krustenbrot. Und natürlich ein Glas Apfelwein. Die gepökelten Schweinekoteletts am besten rechtzeitig beim Metzger vorbestellen.

Sonntagsessen

Winzerpastete

Am Ende der anstrengenden Weinlese gab es früher immer ein Fest für die Helfer. Dabei durfte die deftige Winzerpastete nicht fehlen. Es gibt sie in regional unterschiedlichen Ausführungen – mit Blätterteig, mit Mürbeteig, mit Schweinefilet, Leber oder Speck. Birgit

Für 8 Portionen

Mürbeteig:

500 g Mehl
250 g kalte Butter,
in Stücken
1 TL Salz
2 Eigelb
1 Eigelb

Füllung:

500 g frische, grobe
Bratwurst
2 Zwiebeln
2 Knoblauchzehen
4 Scheiben Weißbrot
100 ml trockener Riesling
oder Silvaner
1 EL frische
Majoranblättchen
1 Messerspitze gemahlene
Gewürznelken
etwas schwarzer Pfeffer
Salz nach Geschmack
300 g kleine Champignons
1 EL Butter
½ Bund Petersilie

Für den Mürbeteig Mehl, Butter, Salz, 2 Eigelbe und 6 EL kaltes Wasser mit den Händen rasch zu einem glatten Teig verkneten. Zur Kugel formen, in Frischhaltefolie wickeln und mindestens 2 Stunden im Kühlschrank ruhen lassen.

Für die Füllung Wurstbrät aus der Haut lösen, in eine Schüssel geben. Zwiebeln und Knoblauch schälen, fein hacken. Weißbrot entrinden, zerkrümeln. Zwiebel, Knoblauch, Weißbrot, Wein, Majoran, Nelken, Pfeffer und Salz zum Wurstbrät geben und alles gründlich vermischen. Abgedeckt 2 Stunden kühlen.

Champignons putzen, in Butter scharf anbraten. Petersilie fein hacken, zu den Pilzen geben, salzen. Weiterbraten, bis die Flüssigkeit verdampft ist. Abkühlen lassen. Eine Pieform (26 cm Ø) ausbuttern. Backofen auf 200 °C Umluft vorheizen. Teig in zwei Hälften teilen, dabei ein kleines Stück beiseitelegen. Beide Teighälften so ausrollen, dass sie in die Pieform passen. Form bis hoch zum Rand mit einer Teighälfte auskleiden. Bratwurstmasse und Pilze mischen, in die Form füllen. Die zweite Teigplatte als Deckel über die Pastete legen, gut andrücken. In die Mitte ein kleines Loch (2 cm Ø) schneiden.

Aus Teigresten Blätter ausschneiden, Pastetendeckel dekorieren. Teigdeckel mit einer Gabel mehrmals einstechen, mit Eigelb bestreichen. Form auf der untersten Schiene in den vorgeheizten Backofen schieben. Pastete 30 Minuten backen, dann auf der mittleren Schiene nochmals 30 Minuten backen, bis sie goldbraun ist. Vor dem Servieren 30 Minuten abkühlen lassen.

Rezeptfoto siehe Seite 78

Schlesisches Himmelreich

Dieses ungewöhnliche Gericht ist das Lieblingsessen unserer Freundin Angelika Libera: »Schlesisches Himmelreich hat ein unvergleichliches Aroma – es ist salzig, süß und säuerlich zugleich. Schon für meine Großmutter und für meine Mutter, die seit den 1960er-Jahren in Hamburg lebt, war es ein Heilmittel gegen Heimweh.« Das Rezept dafür ist natürlich von Angelikas Mutter Theresa. Birgit

Für 4 Portionen

Himmelreich:

600 g geräucherter Schweinenacken (oder magerer, geräucherter Schweinebauch)
250 g gemischtes Backobst
2 EL Butter
2 EL Mehl
1 EL Zucker
Salz nach Geschmack
Saft von ½ Zitrone

Dampfknödel:

500 g Mehl
1 EL Zucker
1 Päckchen Trockenhefe
250 ml Milch
2 EL Butter
Salz nach Geschmack
1 Ei, Größe M

Für das Himmelreich das Fleisch mit etwa 1½ l Wasser in einen Topf geben, aufkochen und bei mittlerer Hitze köcheln lassen. Nach 30 Minuten Kochzeit das Backobst zugeben, zusammen nochmals 1 Stunde kochen lassen. Fleisch und Backobst herausnehmen und warm stellen. Von der Kochflüssigkeit 1 l abmessen, warm stellen.

Butter in einem kleinen Topf zerlassen, Mehl einrühren und ganz leicht anbräunen. Mit einer Schöpfkelle unter ständigem Rühren mit dem Schneebesen nach und nach die Kochflüssigkeit angießen, sodass eine sämige helle Soße entsteht. 15 Minuten bei ganz kleiner Hitze etwas einkochen, dann mit Zucker, Salz und Zitronensaft abschmecken.

Für die Dampfknödel Mehl, Zucker und Trockenhefe in einer Schüssel vermischen. Milch, Butter, Salz und Ei mit einem Kochlöffel unterrühren, bis sich der Teig beim Rühren vom Schüsselrand löst. Ein Geschirrtuch oder eine Stoffserviette mit heißem Wasser befeuchten und auswringen. Teig mit einem Löffel in die Mitte des Tuches geben und zu einer länglichen Rolle zusammendrehen. Die Enden der Tuchrolle mit Küchengarn um einen langstieligen Kochlöffel binden. In einem Topf 1½ l Wasser mit 1 TL Salz zum Kochen bringen. Den Kochlöffel quer über den Topf legen, sodass die Teigrolle im Topf über dem Wasser hängt. Deckel auflegen und den Teig 45 Minuten im Wasserdampf garen. Dann Dampfknödel aus dem Topf nehmen, aus dem Tuch wickeln und mit einem Bindfaden in dicke Scheiben »schneiden«. Fleisch in Scheiben schneiden und mit dem Backobst in die Soße geben, kurz durchziehen lassen und zu den Dampfknödelscheiben servieren.

Rezeptfoto siehe Seite 79

Grünkohl mit Kochwurst

*»Wer zu Silvester Grünkohl isset, im neuen Jahr kein Geld je misset«,
lautet ein altes Sprichwort. Ich habe diesen Spruch bereits mehrfach auf
seinen Wahrheitsgehalt geprüft und kann sagen: Das ist Quatsch!
Einmal habe ich sogar gleich am 1. Januar einen Fünfzigmarkschein
verloren. Außerdem: Grünkohl sollte man viel öfter essen als nur ein
einziges Mal am Jahresende, denn er schmeckt einfach köstlich. Vor
allem in Verbindung mit rauchig-salziger Wurst und süßen, karamellisierten Kartöffelchen.* Birgit

Für 4 Portionen

*800 g kleine, festkochende
Kartoffeln*
Salz nach Geschmack
1½ kg Grünkohl
2 Zwiebeln
*3 EL Schweineschmalz
oder Butterschmalz*
etwas schwarzer Pfeffer
1 gehäufter EL Zucker
8 Kochwürste
2 EL Butter
Senf nach Belieben

Kartoffeln in Salzwasser garen und pellen. Beiseitestellen. Grünkohl von den Rispen streifen.
Mehrfach in stehendem Wasser waschen, bis er
sauber ist – er kann sehr sandig sein. In einem
Sieb abtropfen lassen. Zwiebeln schälen und
fein hacken. Schweine- oder Butterschmalz in
einem großen Topf erhitzen und Zwiebeln darin
glasig dünsten. Grünkohl grob hacken und zu
den Zwiebeln geben. Unter Rühren kurz anbraten, mit Salz, Pfeffer und 1 Prise Zucker kräftig
würzen. 200 ml Wasser angießen und umrühren. Kochwürste auf den Kohl legen. Deckel auf
den Topf setzen und alles bei niedriger Hitze
2 Stunden köcheln lassen.

Kurz vor Ende der Garzeit Butter in einer großen Pfanne schmelzen, die
geschälten Kartoffeln hineingeben und bei mittlerer Hitze goldgelb braten.
Den restlichen Zucker gleichmäßig über die Kartoffeln streuen und diese
unter häufigem Wenden karamellisieren, bis sie goldbraun sind. Mit Salz
würzen. Kochwürste aus dem Grünkohl nehmen, auf einer vorgewärmten
Platte mit den Kartoffeln anrichten. Grünkohl noch einmal unter Rühren
kurz aufkochen und in eine Schüssel füllen. Senf nach Belieben zu den
Würsten servieren.

TIPP Statt oder zusätzlich zur Kochwurst (dann nur 2 Würste kaufen)
schmeckt Grünkohl auch mit Kasseler: 4 Scheiben Kasseler in Schmalz kräftig anbraten und herausnehmen, bevor die Zwiebeln in dem Topf glasig
gedünstet werden. Danach werden die Kasselerscheiben mit den Kochwürs-
ten auf den Grünkohl gelegt.

Vogelnester mit Rotkohl

Diese Rouladen sind auffallend rundlich. Anders als ihre schlanken Vettern sind sie nämlich mit einem hart gekochten Ei gefüllt – nicht wie bei der klassischen Variante mit einem Stückchen Gurke. Als Kind war ich fasziniert von dem Anblick der beiden Eihälften, die zum Vorschein kommen, wenn man die Roulade längs halbiert. Und weil das nicht nur sehr gut aussieht, sondern auch großartig schmeckt, sind die Vogelnester bis heute noch mein liebstes »Überraschungsei«. Birgit

Für 4 Portionen

Vogelnester:

4 Eier, Größe M
4 Rinderrouladen
(à etwa 250 g)
4 TL Senf
frisch gemahlener schwarzer Pfeffer
4 Scheiben Frühstücksspeck
2 große Zwiebeln
4 EL Pflanzenöl
1 Lorbeerblatt
1 TL rosenscharfes Paprikapulver
1 EL edelsüßes Paprikapulver
1 EL Tomatenmark
1 TL Zucker
1 TL Salz
200 ml trockener Rotwein
1 gehäufter TL Speisestärke

Rotkohl:

1 Rotkohl (etwa 1 kg)
2 EL Butter oder Butterschmalz
1 Lorbeerblatt
1 Gewürznelke
Salz nach Geschmack
2 säuerliche Äpfel
1 EL Johannisbeergelee
1 EL Essig

Eier in 8–10 Minuten hart kochen, schälen und beiseitestellen. Rouladen nebeneinander ausbreiten und jeweils mit 1 TL Senf bestreichen, pfeffern und mit 1 Scheibe Frühstücksspeck belegen. In jede Roulade 1 hart gekochtes Ei einrollen. Mit Küchengarn zu Päckchen binden.

Zwiebeln schälen und fein hacken. Öl in einem Bräter erhitzen, Rouladen darin rundum anbraten – sie sollen gebräunt, aber nicht zu dunkel sein. Rouladen herausnehmen. Gehackte Zwiebeln mit dem Lorbeerblatt und dem Paprikapulver in den Bräter geben. Unter ständigem Rühren anbraten. Tomatenmark, Zucker und Salz hinzufügen, kurz mitbraten und mit Rotwein ablöschen. Rouladen zurück in den Bräter geben und 500 ml heißes Wasser angießen. Kurz aufkochen. Bei geschlossenem Deckel etwa 2 Stunden bei niedriger Temperatur schmoren.

Rouladen herausnehmen und im Backofen warm stellen. Soße durch ein feinmaschiges Sieb in einen Topf gießen, dabei mit einem Löffel die festen Bestandteile ausdrücken. Erneut erhitzen. Nach Belieben Speisestärke mit wenig Wasser glatt rühren und die Soße damit binden. Kurz aufkochen und mit Salz und Pfeffer abschmecken. Rouladen zurück in die Soße legen und vor dem Servieren 5–10 Minuten ziehen lassen (nicht mehr kochen).

Für den Rotkohl den Kohlkopf vierteln, Strunk entfernen, in feine Streifen hobeln oder schneiden. Butter in einem Topf erhitzen, Rotkohlstreifen darin etwa 5 Minuten unter Rühren schmoren. Lorbeerblatt, Gewürznelke, Salz und ¼ l Wasser dazugeben. Deckel auf den Topf legen. Äpfel schälen, Kerngehäuse entfernen und in Spalten schneiden. Auf den Rotkohl legen, alles zugedeckt 90 Minuten bei schwacher Hitze dünsten. Umrühren, mit Zucker, Salz, Johannisbeergelee und Essig kräftig süßsauer abschmecken. Vogelnester mit Rotkohl und Kartoffelklößen servieren (Seite 94).

Thüringer Wickelklöße mit Petersiliensoße

Im Garten der Großeltern von meiner Freundin Katharina gab es ein großes Petersilienbeet. Bei der Petersilienernte musste immer die ganze Familie ran: pflücken, waschen (in eiskaltem Wasser), Stiele entfernen, fein hacken und in Portionen abgepackt fürs Einfrieren vorbereiten. Zur Belohnung für diese stundenlange Prozedur gab's am nächsten Tag Wickelklöße mit Petersiliensoße! Linn

Für 4 Portionen

*1 Bund Suppengrün
(Sellerie, Möhren, Lauch,
Petersilie)
2 Hähnchenkeulen (etwa
500 g)
Salz nach Geschmack
550 g Mehl
½ TL Backpulver
2 Eier, Größe M
150 g Butter
150 g Paniermehl
2–3 Bund Petersilie*

Für die Petersiliensoße Sellerie und Möhren schälen, waschen, in große Stücke schneiden. Lauch putzen, waschen, in Scheiben schneiden, Petersilie vom Suppengrün waschen, trocken schütteln. Hähnchenkeulen waschen und trocken tupfen. Keulen mit Suppengrün in einen Topf geben, mit Wasser bedecken, salzen und zum Kochen bringen. Hitze reduzieren. Mit zugedecktem Deckel bei mittlerer Hitze etwa 1 Stunde köcheln lassen. Brühe durch ein Sieb abgießen und beiseitestellen.

Für den Kloßteig 500 g Mehl mit Backpulver mischen und in eine Schüssel sieben. Eier in einer zweiten Schüssel mit 1 Tasse Wasser und 1 Prise Salz mit den Rührquirlen des Handrührgeräts aufschlagen, bis eine schaumige Masse entsteht. Mehl nach und nach zugeben, mit den Knethaken zu einem glatten Teig verkneten. Wenn der Teig noch klebt, etwas Mehl zugeben. Teig in der Schüssel abgedeckt 30 Minuten kühl stellen.

Von der Butter 100 g in einer Pfanne langsam zerlaufen lassen. Ist sie leicht gebräunt, das Paniermehl zugeben. Brösel unter ständigem Rühren goldbraun anrösten, von der Herdplatte nehmen und etwas auskühlen lassen. Arbeitsfläche mit Mehl bestäuben, Teig darauf sehr dünn zu einem Rechteck ausrollen (ersatzweise mithilfe einer Nudelmaschine). Geröstete Semmelbrösel auf den Teig geben, dabei die Längsseiten frei lassen. Teig von einer Längsseite aus aufrollen und die Enden fest andrücken. Teigrolle quer in 3–4 cm lange Stücke schneiden. Die Enden gut zusammendrücken. In einem Topf Wasser mit reichlich Salz aufkochen, die Wickelklöße hineingeben und etwa 20–30 Minuten kochen.

Petersilie waschen, trocken schütteln, Blättchen von den Stielen zupfen und mit einem Wiegemesser fein hacken. Restliche Butter (50 g) in einem Topf zerlassen, 2–3 EL Mehl zugeben und glatt rühren. Nach und nach etwa 500 ml der heißen Hühnerbrühe zugießen, dabei ständig rühren, dass sich keine Klümpchen bilden, bis die Soße die richtige Konsistenz hat. Petersilie zufügen, bei mittlerer Hitze 2 Minuten köcheln lassen. Vom Herd nehmen und mit Salz und Pfeffer abschmecken. Zu den in Scheiben geschnittenen Wickelklößen servieren.

TIPP Reste von der Brühe einfach einfrieren. Statt selbst gemachter Brühe eignet sich auch fertige Gemüse- oder Geflügelbrühe.

Wiener Schnitzel mit Kartoffel-Gurken-Salat

Meine erste Begegnung mit dem echten Wiener Schnitzel liegt Jahrzehnte zurück. Bei einem Besuch in Wien nahm ein Freund mich mit in das kleine, rustikale Lokal »Zu den 2 Lieserln«. Dort servierte man uns ohne große Umstände zwei Schnitzel: hauchdünn, zart-knusprig, gold-braun – und so groß, dass sie über den Tellerrand hinausragten. Dazu die klassische Beilage: lauwarmer Kartoffel-Gurken-Salat. Ich war beeindruckt – und begeistert. In Deutschland sucht man so etwas in normalen Gaststätten nach wie vor vergebens. Dabei ist es gar nicht schwer, ein echtes Wiener Schnitzel zu braten. Wenn man ein paar wichtige Kleinigkeiten beachtet. Birgit

Für 4 Portionen

Kartoffel-Gurken-Salat:

800 g festkochende
Kartoffeln
1 TL Salz
½ Salatgurke
250 ml Fleischbrühe
3 EL Weißweinessig
5 EL Sonnenblumenöl
1 TL mittelscharfer Senf
1 kleine Zwiebel
1 Bund Schnittlauch

Schnitzel:

4 dünn geschnittene
Kalbsschnitzel (à 120 g)
etwas Pflanzenöl
Salz nach Geschmack
etwas schwarzer Pfeffer
etwas frisch geriebene
Muskatnuss
4 EL Weizenmehl
100 g Semmelbrösel, frisch
gerieben
2 Eier, Größe M
2 EL Milch
200 g Butterschmalz
4 Zitronenschnitze
Preiselbeeren nach Belieben

Für den Kartoffel-Gurken-Salat Kartoffeln waschen, in einen Topf geben, salzen und knapp mit kaltem Wasser bedecken. Mit geschlossenem Deckel aufkochen und anschließend noch etwa 15 Minuten köcheln lassen, bis die Kartoffeln gar sind. In der Zwischenzeit die Gurke schälen und in Scheiben hobeln. Fleischbrühe in einem Töpfchen erhitzen. In einer großen Schüssel aus Essig, Öl, Senf und einer Prise Salz eine Marinade anrühren.

Kartoffeln abgießen, gut ausdampfen lassen, noch heiß schälen und in dünnen Scheiben direkt in die Marinade schneiden. Die heiße Brühe nach und nach in drei Portionen an den Salat geben, vorsichtig mischen. Zwischendurch immer 10 Minuten durchziehen lassen. Zwiebel fein reiben. Schnittlauch in feine Röllchen schneiden. Wenn der Kartoffelsalat lauwarm abgekühlt ist, Gurkenscheiben, geriebene Zwiebel und Schnittlauch unterheben.

Für die Schnitzel das Fleisch auf dünn mit Öl bestrichener Frischhaltefolie ausbreiten, mit einer zweiten Lage Folie bedecken und vorsichtig mit der glatten Seite des Fleischklopfers etwa 3 mm dünn klopfen. Aus der Folie nehmen und von beiden Seiten mit Salz, Pfeffer und etwas Muskatnuss würzen. Mehl und Semmelbrösel auf je einen flachen Teller geben. In einem tiefen Teller Eier mit Milch verquirlen. Butterschmalz in einer großen Pfanne erhitzen.

Schnitzel nacheinander in Mehl, Ei-Mischung und Semmelbröseln wenden. Überschüssige Panade leicht abschütteln. Nicht andrücken, damit es den gewünschten, leicht welligen Bröselmantel gibt! Schnitzel sofort ins heiße Fett legen und schwimmend goldbraun ausbacken. Dabei die Pfanne immer wieder sanft schwenken, sodass das Fett über die Schnitzel läuft. Nach etwa 3 Minuten vorsichtig wenden und noch einmal 3 Minuten von der anderen Seite backen. Aus der Pfanne nehmen, auf Küchenpapier kurz abtropfen lassen und mit Zitronenachteln, Kartoffel-Gurken-Salat und nach Wunsch mit etwas Preiselbeerkompott servieren.

Rehbraten auf badische Art

Die Badener sind allesamt Feinschmecker, heißt es. Da ist es kein Wunder, dass eines der köstlichsten Wildrezepte von der Großmutter meiner Freundin Sibylle stammt, die im Schwarzwald aufgewachsen ist: Dieser badische Rehbraten wird in Rotwein mariniert, ein Tannenzweig gibt die besondere Würze. Birgit

Für 4 Portionen

10 cm Tannenzweig
1 Zwiebel
250 ml trockener Rotwein (vorzugsweise badischer Spätburgunder)
1 Lorbeerblatt
4 Wacholderbeeren
10 schwarze Pfefferkörner
1 kg Rehbraten aus der Keule (ohne Knochen)
½ TL Salz
2 EL Butterschmalz
1 EL Johannisbeergelee
100 g Sauerrahm oder Crème fraîche
1 TL Speisestärke
2 feste Birnen (z. B. Williams Christ)
Saft von ½ Zitrone
4 TL Wildpreiselbeeren (Glas)

Tannenzweig möglichst heiß abwaschen, abschütteln und etwas trocknen lassen. Zwiebel schälen und grob zerkleinern. Rotwein in eine Schüssel gießen. Zwiebel, Tannenzweig, Lorbeerblatt, Wacholderbeeren und Pfefferkörner in den Rotwein legen. Rehbraten in die Marinade legen, das Fleisch sollte davon fast bedeckt sein. Zugedeckt im Kühlschrank 1–2 Tage marinieren lassen, ab und zu wenden.

Fleisch aus der Marinade nehmen, trocken tupfen, salzen und in einem Bratentopf in Butterschmalz rundum anbraten. Marinade durch ein Sieb gießen und beiseitestellen. Gewürze (bis auf den Tannenzweig) und Zwiebel aus dem Sieb zum Braten geben und 3 Minuten mitbraten. Bratensatz mit der Marinade ablöschen, kurz aufkochen. Braten im geschlossenen Topf bei geringer Hitze 1½ Stunden garen.

Topf vom Herd nehmen, Braten auf dem Gitterrost im vorgeheizten Backofen (60 °C Umluft) warm halten. Soße durch ein Sieb gießen und zurück in den Topf geben. Das Johannisbeergelee einrühren und Soße mit Salz abschmecken. Sauerrahm oder Crème fraîche mit der Speisestärke glatt rühren und die Soße damit binden.

Birnen schälen, halbieren und das Kerngehäuse vorsichtig mit einem Teelöffel entfernen. Mit Zitronensaft beträufeln. In eine beschichtete Pfanne 1 cm hoch Wasser füllen und ein paar Spritzer Zitronensaft dazugeben, aufkochen. Birnenhälften mit der Schnittfläche nach unten hineinlegen und zugedeckt bei schwacher Hitze etwa 3 Minuten dünsten. Birnen aus der Pfanne nehmen und die Aushöhlung mit je 1 TL Preiselbeeren füllen. Rehbraten in Scheiben schneiden, mit Soße und je 1 gefüllten Birnenhälfte anrichten.

Ungarisches Paprikahähnchen

Meine in Ungarn geborene Großmutter hat dieses Rezept an meine Mutter weitergereicht. Dass diese irgendwann anfing, es ohne getrocknete Chilischoten zuzubereiten, hatte seinen Grund: Wenn meine Schulfreundinnen zum Essen kamen, fanden es alle »viiiiel« zu scharf und hingen minutenlang mit knallroten Köpfen unterm Wasserhahn. Heute ist die Chilischote aber wieder drin. Birgit

Für 4 Portionen

1 rote Paprikaschote
1 grüne Paprikaschote
1 große Gemüsezwiebel
2 Knoblauchzehen
1 Messerspitze Salz
3 EL Pflanzenöl
1 Hähnchen, in
8 Teile zerlegt (oder
4 Hühnerkeulen und
2 Hühnerbrüste am
Knochen)
Salz nach Geschmack
etwas schwarzer Pfeffer
1 getrocknete Chilischote
3 EL edelsüßes
Paprikapulver
1 EL rosenscharfes
Paprikapulver
1 große Dose geschälte
Tomaten (850 g)
200 g Sauerrahm
1 TL Speisestärke

Paprikaschoten waschen, Stielansatz, Samen und Scheidewände entfernen und jeweils in 8–12 Stücke schneiden. Zwiebel schälen und fein würfeln. Knoblauch schälen, grob hacken und mit Salz bestreut kurz ziehen lassen. Dann mit der Breitseite einer schweren Messerklinge in dem Salz zu einer Paste zerquetschen. Pflanzenöl in einem Bräter oder einer schweren großen Pfanne erhitzen, die Hähnchenteile darin von allen Seiten bei großer Hitze goldbraun braten. Paprikastücke, Zwiebel und Knoblauch dazugeben, alles unter Rühren anbraten. Salzen und pfeffern.

Chilischote fein zerkrümeln, mit dem Paprikapulver zu den Hähnchenteilen geben und unterrühren. Tomaten in der Dose grob zerschneiden, mit dem Tomatensaft in den Topf schütten und umrühren. Hitze reduzieren, Deckel auflegen und alles bei geringer Hitze etwa 40 Minuten schmoren. Zum Schluss den Sauerrahm mit der Speisestärke verrühren, in den Bräter geben und alles unter Rühren noch einmal aufkochen lassen. Paprikahähnchen bis zum Servieren warm halten. Dazu schmecken dicke Eiernocken, für die Spätzleteig (Seite 44) in kochendes Salzwasser geschabt wird.

Rheinischer Sauerbraten mit Kartoffelklößen

Meine Freundin Gabi, die in der Nähe von Köln aufwuchs, hat eine besondere Beziehung zum Sauerbraten: Wenn ihre Eltern sich gestritten hatten, sprachen sie manchmal tagelang kein Wort miteinander. Ein verlässliches Signal, dass die »dicke Luft« sich endlich verzogen hatte, war für Gabi, wenn der Duft von Sauerbraten durchs Haus zog – den machte ihre Mutter immer als Versöhnungsessen. Birgit

Für 4 Portionen

Sauerbraten:

1 Möhre
1 große Zwiebel
250 ml Rotweinessig
4 Nelken
10 Wacholderbeeren
10 Pimentkörner
1 TL weiße Pfefferkörner
1 Lorbeerblatt
1 kg Rinderbraten
je 1 TL Salz und Pfeffer
3 EL Pflanzenöl
80 g Rosinen
1 TL Speisestärke
nach Belieben
Apfeldicksaft (Apfelkraut)
oder Zucker nach
Geschmack

Kartoffelklöße:

1 kg mehlig kochende
Kartoffeln
Salz
100 g Mehl
etwas frisch geriebene
Muskatnuss
2 Eier, Größe M

Für die Marinade Möhre und Zwiebel fein würfeln. Mit Essig und 500 ml Wasser in einen Topf geben und aufkochen. Nelken, Wacholderbeeren, Piment, Pfeffer und Lorbeerblatt dazugeben. Umrühren, vom Herd nehmen und abkühlen lassen. Abgekühlte Marinade über das Bratenstück gießen. Zugedeckt 3 Tage in den Kühlschrank stellen, das Fleisch ab und zu wenden – ein Sauerbraten ist also kein Gericht für spontane Einladungen!

Fleisch aus der Marinade nehmen, trocken tupfen und rundherum salzen. Marinade durch ein Sieb abgießen, Marinade beiseitestellen, Gemüse aufheben. Pflanzenöl in einem Schmortopf erhitzen, das Fleisch darin von allen Seiten anbraten. Gemüse und Gewürze aus der Marinade zum Fleisch geben und mitbraten. Von der Marinade 200 ml abmessen und zum Braten gießen, den Bratensatz lösen und alles kurz aufkochen lassen. Deckel auf den Topf legen und den Braten bei geringer Hitze etwa 2 Stunden schmoren. Ab und zu wenden und bei Bedarf etwas Wasser zugießen.

Für die Kartoffelklöße Kartoffeln in reichlich Salzwasser garen. Ausdampfen lassen und noch heiß pellen. Sofort durch die Kartoffelpresse in eine Schüssel drücken. Zugedeckt kalt stellen. Anschließend Mehl über die Kartoffelmasse stäuben, mit ½ TL Salz und Muskatnuss wür-

zen. Eier aufschlagen, verrühren und mit einer Gabel unter den Kartoffelteig rühren. Mit den Händen einen glatten Teig kneten. Falls der Teig zu weich ist, etwas Mehl zugeben. 12 Klöße formen und in kochendes Salzwasser gleiten lassen. Aufkochen, 20 Minuten ziehen lassen. Herausnehmen und warm stellen.

Sauerbraten aus dem Topf nehmen, im Backofen bei 60 °C Umluft warm stellen. Bratenfond durch ein Sieb abgießen und zurück in den Topf schütten. Rosinen dazugeben und Soße auf etwa ¼ l einkochen. Nach Belieben Speisestärke mit etwas Wasser in einer Tasse anrühren, die Soße damit binden. Mit Apfeldicksaft (oder Zucker) und Salz und Pfeffer abschmecken. Den Sauerbraten mit den Kartoffelklößen und Apfelkompott servieren.

TIPP Braten statt in eine Schüssel zum Marinieren in einen gut verschließbaren Gefrierbeutel packen. So ist er ständig von allen Seiten von der Marinade umgeben und muss nicht gewendet werden.

Rindfleisch mit Meerrettichsoße

Die Grundlage für dieses klassische Sonntagsessen bildet die vorweg servierte Rindfleischsuppe mit Markklößchen. Das Fleisch, mit dem die Suppe gekocht wurde, wird in Scheiben geschnitten und mit Wirsing, Meerrettichsoße und Bratkartoffeln als Hauptgang gegessen. Birgit

Für 6 Portionen

1½ kg gekochtes Rindfleisch aus dem Suppenrezept Seite 25

Wirsinggemüse:

*1 Kopf Wirsing
(etwa 1½ kg)
Salz nach Geschmack
1 kleine Zwiebel
2 EL Butter
1½ EL Mehl
100 ml Fleischbrühe
(Seite 25)
etwas frisch geriebene
Muskatnuss*

Meerrettichsoße:

*50 g frische
Meerrettichwurzel
2 EL Milch oder Sahne
40 g Butter
40 g Mehl
120 g Sahne
120 ml Fleischbrühe
(Seite 25)
Salz nach Geschmack
etwas schwarzer Pfeffer
etwas frisch geriebene
Muskatnuss
1 Prise Zucker*

Für das Wirsinggemüse Wirsing entblättern. Blätter in Streifen schneiden, dabei die dicken Mittelrippen entfernen. Wirsingstreifen waschen und abtropfen lassen. Salzwasser in einem großen Topf aufkochen. Wirsing hineingeben und etwa 15 Minuten kochen, bis er weich ist. In ein Sieb abschütten, Kochwasser auffangen. Wirsing fein hacken oder durch die grobe Scheibe des Fleischwolfs drehen. Zwiebel schälen und hacken. In einem Topf in der Butter langsam glasig dünsten, aber nicht bräunen. Mehl dazugeben, unter ständigem Rühren anschwitzen. 1 Kelle Kochwasser und die Fleischbrühe dazugeben, eine glatte Mehlschwitze bereiten. Wirsing zur Mehlschwitze geben, gut unterrühren. 5 Minuten kochen dabei öfter umrühren. Mit Salz und Muskatnuss abschmecken.

Für die Meerrettichsoße Meerrettich dünn schälen, in Stücke schneiden und mit Milch oder Sahne im Mixer sehr fein pürieren. Butter in einem Topf schmelzen, Mehl dazugeben und bei geringer Hitze unter ständigem Rühren anschwitzen, nicht bräunen. Mit Sahne und Fleischbrühe aufgießen und glatt rühren. Meerrettich in die Mehlschwitze geben und Soße mit Salz, Pfeffer, Muskatnuss und Zucker abschmecken. Etwa 10 Minuten bei mittlerer Hitze kochen lassen, dabei öfter umrühren. Zum Anrichten das gekochte Rindfleisch aus der heißen Suppe heben und in Scheiben schneiden. Auf eine vorgewärmte Servierplatte legen, etwas Salz und 3–4 EL Fleischbrühe über die Scheiben geben. Mit Meerrettichsoße, Wirsinggemüse und Bratkartoffeln (Seite 37) servieren.

Walburga Maier aus Bayern

Ein Herz für Kräuter

Fragt man Walburga Maier, ob sie ihren idyllischen Bauernhof im Chiemgau manchmal verlässt, um zum Beispiel nach München zu fahren oder Ausflüge zu machen, winkt sie ab: »Dazu hab' i koa Zeit!« Denn auch wenn Sohn und Schwiegertochter seit Langem schon den Bauernhof mit Vieh, Acker und Ferienwohnungen bewirtschaften, bleibt der ehemaligen Bäuerin wenig Zeit zum Ausruhen: Von früh bis spät wird im Garten geschafft, das Kräuterbeet gepflegt, Obst und Gemüse angebaut, Marmelade eingekocht oder diverse Blätter für den eigenen Kräutertee getrocknet. Sogar ihren eigenen Likör stellt sie her: Zwölf Sorten stehen im Regal in der großen alten Vorratskammer, zum Beispiel Löwenzahn- oder Rosenblütenlikör, natürlich alles selbst gepflückt und gesammelt. Als geprüfte Landschaftsführerin leitet Walburga außerdem einmal die Woche Kräuterwanderungen für kleine und große Feriengäste.

Von ihrem Küchenfenster aus blickt Walburga Maier direkt in ihren geliebten Garten, dahinter zeichnen sich malerisch die Berge wie auf einer Postkarte ab – hier in der Küche ist es besonders gemütlich, wenn der alte Holzherd angeschürt wird, auf dem sie für uns ihren köstlichen Schweinsbraten zubereitet hat. Nein, in den Urlaub zu fahren, das kann sie sich gar nicht vorstellen. Wer kümmert sich denn dann um den Garten? Nur den Gutschein für den ayurvedischen Kochkurs, den sie vor einigen Jahren geschenkt bekommen hat, würde sie doch gerne mal einlösen – bei einem Inder, der auf der Fraueninsel im Chiemsee eine Kochschule hat. »Aber jetzt nicht«, sagt Walburga, schon wieder auf dem Sprung. »Vielleicht im September. Schau'n mer mal!«

Bayerischer Krustenbraten

Walburga Maier macht diesen wunderbar saftigen Schweinsbraten mit der reschen Kruste seit Jahrzehnten für ihre Familie. Mit Semmelknödeln und Kartoffelsalat. Und dazu noch einem grünen Salat. Als wir sie auf dem Lugingerhof am Chiemsee besuchten, bereitete sie ihren Krustenbraten auch für uns zu – live, mit allem Drum und Dran, zum Staunen und Mitschreiben. Birgit

Für 4–6 Portionen

3 EL Pflanzenöl
1½ kg Schweinebraten aus der Schulter, ohne Knochen und mit Schwarte
200 g roher Bauchspeck am Stück
etwas schwarzer Pfeffer
Salz nach Geschmack
½ TL Kümmelsamen
2 Zwiebeln
1 Knoblauchzehe
1 Handvoll Petersilienblätter
1 l Fleischbrühe
einige Blättchen Beifuß
Rinde von 1 Scheibe Schwarz- oder Graubrot
1 TL Salz
1 TL Speisestärke

Backofen auf 200 °C vorheizen. Pflanzenöl in einem Bräter erhitzen, Schweinebraten und Bauchspeck darin von allen Seiten bei großer Hitze anbraten. Herausnehmen, mit Pfeffer, Salz und Kümmel würzen. Fleisch zurück in den Bräter legen, den Schweinebraten mit der Schwarte nach unten! Zwiebeln und Knoblauch schälen und hacken. Petersilie waschen und ebenfalls hacken. Zwiebeln in den Bräter geben, anschwitzen. 2 Kellen Brühe angießen. Knoblauch, Petersilie, Beifuß und Brotrinde zum Fleisch hinzufügen. Bräter auf der mittleren Schiene in den Backofen schieben und das Fleisch 30 Minuten braten.

Bräter aus dem Backofen nehmen, den Braten umdrehen und die Schwarte mit einem scharfen Messer in Rauten schneiden. Zurück in den Backofen schieben und 1 Stunde ohne Deckel garen, ab und zu 1 Kelle Brühe angießen. 1 TL Salz in etwas Wasser auflösen und die Kruste damit bepinseln. Weitere 30 Minuten in den Backofen schieben. Bräter herausnehmen, Ofen ausschalten. Schweinebraten aus dem Bräter nehmen und warm stellen. Bauchspeck beiseitestellen.

Bräter auf die Herdplatte stellen, den Bratenansatz loskochen, dabei kräftig rühren. Eventuell noch etwas Fleischbrühe zugießen. Dann Soße durch ein Sieb abgießen, wieder in den Topf geben und mit der Speisestärke binden. Ein letztes Mal kurz aufkochen lassen und abschmecken. Braten in Scheiben schneiden, Soße in eine Sauciere füllen und auftischen.

TIPP Dazu werden bei Walburga Maier Kopfsalat und bayerischer Kartoffelsalat mit Essig-Öl-Dressing sowie Semmelknödel (Seite 49) serviert.

Forelle mit Mandelbutter

Wie kann ein einziger Fisch nur so unterschiedlich schmecken?
Forelle blau – in Brühe gegart, mit dieser bläulich schimmernden
Schleimschicht auf der Haut – war mir noch nie geheuer. Die
knusprige Variante in Mandelbutter dagegen ist eines meiner
Lieblingsfischgerichte.   Linn

Für 4 Portionen
4 küchenfertige Forellen
(à 350 g)
Saft von ½ Zitrone
Salz nach Geschmack
etwas schwarzer Pfeffer
5 EL Mehl
50 g Butter
100 g Mandelblättchen
4 Zitronenschnitze

Forellen mit kaltem Wasser abspülen und trocken tupfen. Mit Zitronensaft einreiben und mit Salz und Pfeffer würzen. Mehl auf einen großen Teller schütten und Forellen im Mehl wenden. Überschüssiges Mehl abklopfen. 40 g Butter in einer großen Pfanne erhitzen.

Die Forellen nacheinander darin bei mittlerer Hitze von jeder Seite in etwa 5 Minuten goldbraun braten. Restliche Butter in einer zweiten Pfanne zerlassen und die Mandeln darin hellbraun rösten. Forellen auf Tellern anrichten und mit der Mandelbutter übergießen, mit Mandelblättchen und Zitronenschnitzen garnieren.

TIPP Zur Forelle passen kleine Petersilienkartoffeln. Für eine schlichte Forelle Müllerin Art einfach die Mandeln weglassen! Bei Kauf des Fisches immer auf glänzende Haut und klare Augen achten. Und ob eine Forelle genügend Platz im Wasser hatte, zeigt eine gut ausgebildete Schwanzflosse.

Ente mit Rosenkohl und Maronen

In den Taunuswäldern rund um Kronberg und Königstein wachsen Maronen – essbare Kastanien. Im Herbst kann man die reifen Früchte einfach vom Boden auflesen, einritzen und auf einem Backblech rösten, bis sie innen weich sind, und zu einem Glas Wein knabbern. Oder, wie die Großmutter meiner Freundin Gudrun, als Beilage zu einem außergewöhnlichen Entenbraten servieren. Birgit

Für 4–6 Portionen

Ente:

1 Apfel
1 Möhre
1 Zwiebel
½ Bund Thymian
Salz
1 küchenfertige Ente, mit Innereien (etwa 2½ kg)
200 ml Hühnerbrühe
100 ml Weißwein
50 g Sahne
etwas schwarzer Pfeffer
etwas edelsüßes Paprikapulver

Rosenkohl-Maronen-Gemüse:

600 g Rosenkohl (frisch oder tiefgekühlt)
Salz nach Geschmack
500 g küchenfertige Maronen
1 Prise frisch geriebene Muskatnuss
1 Prise Zucker
100 g Butter

Apfel vom Kerngehäuse befreien. Apfel, Möhre und Zwiebel schälen und in grobe Stücke schneiden. Thymian waschen. 1 TL Salz in ½ Tasse warmem Wasser auflösen. Ente rundum mit Salzwasser bestreichen. Apfelstücke salzen und mit einigen Thymianblättchen mischen, in den Bauch der Ente füllen. Restlichen Thymian locker in die Bauchhöhle stecken. Flügelspitzen seitlich in der Bauchhaut feststecken, damit sie anliegen. Backofen auf 180 °C Ober-/Unterhitze (160 °C Umluft) vorheizen.

Zwiebel, Möhre und die Innereien der Ente (mit Ausnahme der Leber) in die Fettpfanne des Backofens legen. Auf die untere Schiene schieben. Rost auf die Schiene darüber schieben und Ente mit der Brustseite nach oben darauflegen. Nach etwa 30 Minuten 1 Tasse heißes Wasser in die Fettpfanne gießen, Backofen sofort wieder schließen. Ente insgesamt etwa 3 Stunden garen, bis sie schön goldbraun und knusprig ist. Wer keine Umluft benutzt, muss die Ente nach der Hälfte der Zeit einmal umdrehen. Ab und zu mit Salzwasser bepinseln – das gibt die Knusperhaut. Bei Bedarf Wasser in die Fettpfanne nachgießen.

15 Minuten vor dem Servieren den Inhalt der Fettpfanne durch ein Sieb schütten, Flüssigkeit in einem Topf auffangen. Innereien herausnehmen, beiseitelegen. Geröstetes Gemüse mit einem Löffel durch das Sieb in die Bratflüssigkeit drücken. Reste

wegschmeißen. Mit einem Löffel die Fettschicht von der Soße abschöpfen. Brühe und Weißwein in den Topf gießen. Soße aufkochen, Sahne dazugeben. Ist die Sauce zu dünn, etwas einkochen lassen. Mit Salz, Pfeffer und Paprikapulver abschmecken.

Während die Ente gart, geputzten Rosenkohl in einen großen Topf mit kochendem Salzwasser schütten, 12 Minuten garen. Abgießen und mit eiskaltem Wasser abschrecken. Rosenkohl und Maronen in einem Topf mischen, mit Salz, Muskatnuss und Zucker würzen. 10 Minuten vor dem Servieren Butter in einem Pfännchen bräunen, über die Rosenkohl-Maronen-Mischung gießen und vorsichtig umrühren. Gemüse bei milder Hitze erwärmen, ab und zu umrühren. Mit Salz und Muskatnuss abschmecken. Die Füllung aus der Ente löffeln und mit dem Entenbraten zusammen auf einer vorgewärmten Platte anrichten, mit einem Teil des Gemüses umlegen. Soße und restliches Gemüse getrennt dazu reichen.

TIPP Kräftiges Weißbrot oder Kartoffelklöße (Seite 94) passen gut dazu. Entenfett schmeckt auf Brot und verfeinert Gemüse. Entenleber in etwas Butter oder Entenfett knusprig braten, salzen, pfeffern und auf einer Scheibe Toast als Vorspeise genießen. Lecker!

Süße Hauptgerichte & Nachtisch

Grießflammeri mit Holundersuppe

Meine beste Freundin Tiffany ist in Frankreich aufgewachsen, und im Sommer kamen bei ihr immer Oma und Opa aus Hamburg zu Besuch. Sie sagt zu ihrem Lieblingsrezept: »Meine Oma hat in den Sommerferien aus selbst geernteten Beeren diese Holundersuppe gekocht. Es hat immer im ganzen Haus danach gerochen, wenn sie da war. Es war heiß, und die Schule ging bald wieder los – aber noch waren Ferien. Und die Zeit stand irgendwie still.« Linn

Für 4 Portionen

Grießflammeri:

500 ml Milch
1 Prise Salz
50 g Zucker
1 Vanilleschote
3 cm Zimtstange
50 g Weichweizengrieß
1 Eiweiß

Holundersuppe:

15 g Speisestärke
750 ml Holundersaft
2 Äpfel
2 EL Zucker

Für den Grießflammeri Milch mit Salz, Zucker, Vanilleschote und Zimtstange in einen Topf geben und aufkochen. Grieß unter ständigem Rühren einstreuen und auf kleiner Flamme 2–3 Minuten weiterkochen, bis der Brei dick wird. Topf von der Platte nehmen. Vanilleschote und Zimtstange herausnehmen. Eiweiß steif schlagen und unter den noch heißen Brei heben. In eine Schüssel füllen und etwa 2 Stunden auskühlen lassen.

Für die Holundersuppe die Stärke mit 100 ml Holundersaft verrühren. Die Äpfel schälen, entkernen und in Scheiben schneiden. Restlichen Holundersaft mit Apfelscheiben und Zucker in einen Topf geben und zum Kochen bringen. Stärkemischung unter Rühren dazugeben, 2–3 Minuten weiterkochen, bis die Suppe eindickt und die Äpfel weich sind. In Teller füllen. Mit zwei Esslöffeln aus dem erkalteten Grießflammeri Nocken abstechen und in die heiße Suppe geben.

Rezeptfoto siehe Seite 106

TIPP Für gestürzten Grießflammeri vor dem Einfüllen die Form mit kaltem Wasser ausspülen. Vor dem Stürzen mit einem Messer den Rand des Flammeris von der Form lösen.

Kaiserschmarren

Egal, wie viel man gegessen hat – für einen Kaiserschmarren ist immer noch Platz. Der fluffige Klassiker aus Österreich gehörte schon als Kind zu meinen Lieblingsdesserts. Von den vielen Zubereitungsarten, die zum Teil recht kompliziert sind, hat sich die hier vorgestellte Variante in unserer Familie als einfach und gut bewährt. Birgit

Für 4 Portionen
5 Eier, Größe L
250 g Sahne
2 EL Zucker
50 g Rosinen
200 g Mehl
1 Prise Salz
4 EL Butter
Puderzucker
zum Bestreuen

Eier trennen. Sahne mit Eigelb, Zucker, Rosinen, Mehl und Salz in einer Schüssel verrühren. Eiweiß mit einer Prise Salz in einer zweiten Schüssel sehr steif schlagen und mit einem Teigschaber unter den Teig heben. 2 EL Butter in einer großen Pfanne schmelzen. Die Hälfte des Teigs hineingießen. Wenn er beginnt zu stocken, grob zerteilen, dabei wenden. Dann mit zwei Holzspateln in mundgerechte Stücke zerpflücken. Goldgelb backen – auch die zweite Teighälfte. Mit Puderzucker bestreuen.

Rezeptfoto siehe Seite 107

TIPP Kaiserschmarren wird immer zerzupft, nie geschnitten! Soll der Schmarren knuspriger werden, den Zucker im Rezept weglassen. Stattdessen beim Fertigbacken den zerzupften Schmarren mit 1–2 EL Zucker bestreuen und leicht karamellisieren lassen. Dazu schmecken »Zwetschgenröster«, wie Pflaumenkompott in Österreich heißt, Apfelmus oder Preiselbeeren.

Topfenpalatschinken

Für die Zubereitung dieser quarkgefüllten Eierpfannkuchen war bei uns zu Hause mein Vater zuständig – schließlich hatte er ein paar Jahre in Österreich gelebt. Er konnte sie praktisch im Schlaf backen und nannte sie zum Spaß immer »Topflappenschinken« – was sich in meinem Hirn derart festgesetzt hat, dass das korrekte Wort dafür bis heute aus meinem Sprachschatz getilgt ist. Birgit

Für 4 Portionen
*250 g Quark
(20% Fettgehalt)
200 ml Milch
100 g Mehl
1 Prise Salz
3 EL Zucker
4 Eier, Größe M
4 EL Puderzucker
1 Päckchen Vanillezucker
Saft von ½ Zitrone
½ TL abgeriebene Schale
von 1 Bio-Zitrone
3–4 EL Butter
ein paar Himbeeren
etwas Puderzucker*

Quark zum Abtropfen in ein Sieb geben. Milch in eine Schüssel gießen, Mehl und Salz mit dem Schneebesen einrühren. Teig 30 Minuten ausquellen lassen. Zucker und Eier unterrühren. Beiseitestellen. Abgetropften Quark in eine Schüssel füllen. Mit Puderzucker, Vanillezucker, Zitronensaft und -schale glatt rühren. Zitronenquark beiseitestellen.

In einer Pfanne 1 EL Butter erhitzen. 1 kleine Schöpfkelle voll Teig hineingeben, Pfanne schwenken, damit er sich gleichmäßig verteilt. Wenn die Unterseite bei mittlerer Hitze goldgelb gebacken ist, vorsichtig wenden und fertigbacken. Palatschinken auf einen Teller legen. Wieder etwas Butter in der Pfanne erhitzen und nacheinander so viele dünne Pfannkuchen backen, bis der Teig verbraucht ist (etwa 6–8 Stück). Palatschinken gleichmäßig mit Zitronenquark bestreichen, aufrollen und schräg in dicke Scheiben schneiden. Auf Teller verteilen, Himbeeren dazulegen und alles mit Puderzucker bestäuben.

TIPP Schmeckt auch überbacken lecker: Gefüllte und gerollte Topfenpalatschinken dicht an dicht in eine Auflaufform legen. 1 Becher Schmand oder Crème fraîche mit 2 EL Puderzucker und 1 Eigelb verrühren. Mischung über die Palatschinken gießen und im vorgeheizten Backofen bei 220 °C auf der mittleren Schiene etwa 10 Minuten überbacken.

Apfelreis mit Eischneehaube

Diesen köstlichen Auflauf gab es bei meiner Patentante Emilie. Meist saßen dort viele hungrige Esser am Tisch. Einmal, als es den von mir heiß geliebten Apfelreis gab, waren es mindestens zehn Personen. Die Schüssel ging reihum, und jeder nahm sich eine tüchtige Portion. Dummerweise saß Klein-Birgit aber ziemlich am Ende der Tischrunde. Ich sah, wie die Schüssel leerer und leerer wurde, und meine Augen wurden größer und größer. Irgendwann sprang ich auf und rief: »Stopp!« Alle lachten – und ich durfte endlich meinen Teller füllen. Birgit

Für 4–6 Portionen

250 g Rundkornreis
(Milchreis)
6 EL Zucker
1 Prise Salz
1 Stückchen Zitrone,
ohne Schale und weiße
Innenhaut
1 l Milch
1 kg Äpfel, geschält
Saft von ½ Zitrone
2 EL Butter
3 Eiweiß

Reis, 2 EL Zucker, Salz und Zitronenstückchen mit der Milch in einem hohen Topf aufkochen und unter häufigem Rühren auf niedrigster Stufe in ungefähr 15 Minuten zu einem Milchreis kochen. Äpfel schälen, entkernen und in kleine Stücke schneiden. Sofort mit Zitronensaft beträufeln. Butter in einem großen Topf zerlassen, Apfelstücke und 2 EL Zucker zugeben und dünsten, bis die Äpfel weich sind. Eine Schicht Milchreis in eine runde Auflaufform mit hohem Rand geben, die Apfelstücke darüber verteilen und den restlichen Milchreis über die Apfelschicht streichen.

Den Backofen auf 180 °C Ober-/Unterhitze vorheizen. Eiweiß mit 2 EL Zucker in einer Schüssel mit den Rührquirlen des Handrührgeräts steif schlagen und als oberste Schicht über dem Auflauf verteilen. Den Auflauf auf die mittlere Schiene in den vorgeheizten Backofen schieben und etwa 5–10 Minuten backen, bis die Eischneehaube leicht gebräunt ist. Aufpassen, dass der Eischnee nicht verbrennt – das kann schnell gehen!

TIPP Als Dessertgang eines Menüs den Apfelreis am besten gleich wie auf dem Foto in kleinen Portionsförmchen backen. Dann aber nur zuunterst eine Schicht Milchreis einfüllen, also Milchreis, Apfelstücke, Eiweißhaube.

Rote Grütze

An heißen Sommertagen gibt es mittags bei Oma einen Teller Rote Grütze mit Milch. Wunderbar erfrischend! Schwierig war es allerdings, ihr ein detailliertes Rezept zu entlocken, da sie die Zutaten nie abwiegt. Uns zuliebe hat sie es doch einmal getan. Die Grütze unbedingt mit der Vanillesoße von Seite 116 probieren! Linn

Für 8 Portionen

1 kg gemischte Beeren
(z. B. je 250 g
Johannisbeeren,
Himbeeren, Erdbeeren
und Blaubeeren)
500 ml roter Fruchtsaft
(z. B. Kirschsaft)
50 g Speisestärke
100 g Zucker

Die Beeren waschen, beschädigte Früchte auslesen und alles beiseitestellen. Vom Saft etwa 150 ml abnehmen und mit der Speisestärke verrühren. Den restlichen Saft in einem Topf zum Kochen bringen, dann die Hitze verringern. Unter Rühren langsam die Stärkemischung und den Zucker dazugeben. Weiterrühren, bis der Saft beginnt einzudicken.

Die Beeren dazugeben, am besten zuerst die festschaligen Früchte wie Johannisbeeren. Sind Himbeeren dabei, diese zuletzt unterrühren, da sie am schnellsten zerfallen. Die Grütze mit den Beeren einmal kurz aufkochen lassen, eventuell mit etwas Zucker abschmecken. Ist sie süß genug, sofort vom Herd nehmen. Die Beeren sollen nicht zerfallen. Zum Servieren in eine große Glasschale oder in Teller füllen.

TIPP Zur Kirschzeit unbedingt süße Herzkirschen zur Grütze geben. Die Früchte müssen makellos und schön fest sein und sollten unbedingt entsteint werden. Im Spätsommer machen sich auch die ersten reifen Pflaumen und Zwetschgen wunderbar. Auch lecker: Gelbe Grütze mit Mirabellen, Aprikosen oder Pfirsichen. Die Früchte sollten aber vor dem Kochen enthäutet werden.

Schokoladenpudding

Das Schönste an Omas Kochkünsten war für mich als Kind die Tatsache, dass es nach dem Mittagessen immer Nachtisch gab. Und meistens war es ein Pudding: Grüner Wackelpeter, Vanillepudding oder eben dieser superschokoladige Schokopudding standen auf meiner Lieblingsliste ganz oben. Wichtig dabei war, dass der Pudding in Vanillesoße nur so schwamm. Deshalb hier ein großzügiges Rezept mit der weltbesten Vanillesoße, die auch zu Bratäpfeln, Dampfnudeln und Roter Grütze passt! Linn

Für 2–4 Portionen

Pudding:

40 g Speisestärke
500 ml Milch
4 EL Zucker
1 Messerspitze gemahlene Vanille
(oder ½ Päckchen Vanillezucker)
1 Eigelb
100 g Zartbitterschokolade

Vanillesoße:

2 Eigelb
1 l Milch
30 g Speisestärke
60 g Zucker
1 Vanilleschote

Für den Schokoladenpudding Speisestärke mit 6 EL Milch, Zucker und Vanille mit dem Schneebesen in einer Schüssel verquirlen, bis keine Klümpchen mehr zu sehen sind. Eigelb in einer zweiten Schüssel verquirlen. Schokolade in Stücke brechen, mit der restlichen Milch in einen Topf geben und aufkochen. Stärkemischung unterrühren und etwa 3 Minuten einkochen lassen, bis der Pudding dick wird. Den Topf vom Herd nehmen und das Eigelb unterrühren. Sofort in eine kalt ausgespülte Puddingform gießen und erkalten lassen.

Für die Vanillesoße Eigelbe in einer Schüssel mit den Rührquirlen des Handrührgeräts cremig schlagen. Von der Milch 6 EL in einem tiefen Teller mit der Stärke zu einer glatten Masse rühren. Restliche Milch zusammen mit dem Zucker in einen Topf geben, die Vanilleschote aufschneiden und mit einem Löffelstiel das Mark in die Milch schaben. Schote ebenfalls in die Milch legen, das Ganze unter Rühren zum Kochen bringen, die Vanilleschote entfernen und die Stärkemischung unterrühren. 2 Minuten unter Rühren kochen, bis die Soße eindickt, vom Herd nehmen. Eiercreme einrühren und alles noch einmal ganz kurz (etwa 30 Sekunden) auf den Herd stellen und aufwallen lassen. Vom Herd nehmen, in eine Sauciere füllen und heiß oder kalt genießen.

TIPP Für Kinder den Pudding mit 100 g Vollmilchschokolade oder weißer Schokolade kochen, dafür aber dann 1–2 EL Zucker weniger nehmen.

Marzipan-Bratäpfel

Draußen fegt der erste Herbststurm durch die Straßen, der Regen prasselt ans Fenster. Drinnen ist es dafür umso gemütlicher: Mit Omas alten Schwarz-Weiß-Fotos aus dem vergilbten Fotoalbum und den heißen, süß-säuerlichen Bratäpfeln mit Vanillesoße (Seite 116) frisch aus dem Ofen. Fast wie im Märchen.

Für 4 Stück
40 g Butter
4 säuerliche Äpfel
(z. B. Boskop)
100 g Marzipanrohmasse
20 g Rosinen
1 Messerspitze gemahlener Zimt
30 g Mandelblättchen oder -stifte

Den Backofen auf 200 °C Ober-/Unterhitze vorheizen. Eine Auflaufform ausbuttern. Butter zerlassen. Äpfel waschen, das Kerngehäuse ausstechen. Marzipan mit Rosinen, Zimt und Mandelblättchen verkneten und in die Äpfel einfüllen, nach Belieben mit Mandelblättchen dekorieren. Äpfel in die Auflaufform setzen, mit der flüssigen Butter bepinseln, auf die mittlere Schiene in den vorgeheizten Backofen schieben und 25 Minuten brutzeln lassen.

Arme Ritter

Weißbrot wird bekanntlich schon nach 1–2 Tagen trocken, aber wegschmeißen brauchen Sie es deshalb noch lange nicht: Für süße Aufläufe wie Kirschenmichel oder für Semmelknödel und Frikadellen sind die Brotreste ideal. Und die leckerste Weißbrotverwertungsvariante zum Frühstück heißt: Arme Ritter!

Für 5 Stück
3 Eier, Größe M
150 ml Milch
100 g Sahne
1 Prise Salz
1 Päckchen Vanillezucker
5 Scheiben altbackenes Weißbrot
1 EL Butter
etwas Zimtzucker

Eier, Milch und Sahne in eine Schüssel geben, mit einer Gabel oder einem Schneebesen verschlagen, dabei Salz und Vanillezucker zufügen. Weißbrotscheiben (etwa 2 cm dick) in die Sahnemilch legen und 10 Minuten ziehen lassen, damit das Brot schön saftig wird. Butter in einer Pfanne zerlassen und die Brotscheiben von beiden Seiten bei mittlerer Hitze goldbraun braten. Nach Belieben mit Zimtzucker bestreuen.

Ohne Rezeptfoto

Doris Gretzinger aus Schwaben

Schwäbische Küchenklassiker

Zeit für ihre Enkelkinder hat Doris Gretzinger aus Baden-Württemberg immer. Zwar sind die meisten von ihnen inzwischen erwachsen und verbringen nicht mehr ihre Ferien bei der Oma, aber Lieblingsgerichte wie Dampfnudeln mit Vanillesauce finden sie immer noch unschlagbar. Wenn die Familie zu Gast ist, gibt es Bewährtes aus der schwäbischen Küche: Schupfnudeln, Spätzle mit sauren Bohnen, Apfelmus, natürlich alles selbst gemacht. Bei Kaffeerunden und Feiern sind ihre Haselnusstorte, Schneckennudeln und Flachswickel sehr gefragt. Für die Enkel gehört auch heute noch ein Obstkuchen von der Oma mit zur Geburtstagsfeier. Zur schwäbischen Fasnet – bei den Narrenumzügen ist sie aber nur als Zuschauerin dabei – dürfen ihre süßen Fasnetsküchle nicht fehlen. Und was wäre Weihnachten ohne ein großes Glas mit Omas feinen Weihnachtsplätzchen? Von den »Bredle«, wie man auf oberschwäbisch sagt, backt sie gut und gern ein Dutzend verschiedene Sorten.

Stolz ist Doris Gretzinger auch auf seltene oberschwäbische Spezialitäten wie ihre frittierten »Zigarrnudeln« aus Kartoffelteig oder Grüne Krapfen mit einer Füllung aus Speck und Zwiebelröhrle. Gemüse und Obst holt sie vom Markt, denn so hat sie täglich etwas Frisches auf dem Tisch. Frischen Salat und Küchenkräuter zieht sie in Töpfen auf dem Balkon, zwischen Fleißigen Lieschen und Schwarzäugiger Susanne. Freitags hat Doris Gretzinger wenig Zeit für Gäste, denn da steht der Kegelnachmittag fest auf dem Programm. Mit ihren Kegelfreunden und den Eisenbahnsenioren macht sie auch Ausflüge in die schöne Landschaft zwischen Streuobstwiesen und Barockstraße. In ihrer Heimatstadt Biberach an der Riß gibt es wohl keinen Weg, den sie nicht kennt, und auf ihrem täglichen Spaziergang trifft sie immer Bekannte, mit denen sie ein Schwätzle halten kann.

Dampfnudeln

Für die Zubereitung von Dampfnudeln braucht man ein gutes Gehör – ob sie schon ein salziges »Bächele« bekommen haben, wie Doris Gretzinger sagt, höre man am feinen Knistern. Der Topf muss gut schließen und darf während des Kochens auf keinen Fall geöffnet werden, denn sonst werden die Dampfnudeln nicht rund und luftig, sondern klein und fest. Kein Gericht also für neugierige Topfgucker!

Für 4 Portionen
500 g Mehl
1 Würfel Hefe (42 g; oder
1 Päckchen Trockenhefe)
1 Prise Zucker
250 ml Milch
1 Ei, Größe M
1 ½ TL Salz
50 g Butter

Mehl in eine Schüssel sieben, eine Mulde hineindrücken. Hefe in die Mulde bröseln, 1 Prise Zucker und 4 EL von der Milch zur Hefe geben. Vorsichtig mit etwas Mehl vermischen. Vorteig in der Schüssel zugedeckt an einem warmen Ort 20 Minuten gehen lassen, bis er Blasen wirft. Restliche Milch, Ei und ½ TL Salz zum Vorteig geben. Mit den Händen so lange kneten, bis kein Teig mehr an den Fingern kleben bleibt. Das dauert etwa 3–4 Minuten. Aus dem Teig 8 Kugeln formen, auf ein bemehltes Brett setzen und weitere 40 Minuten gehen lassen.

In einem Topf 500 ml Wasser zum Kochen bringen, salzen und die Butter hineingeben. Wenn die Butter geschmolzen ist, die Teigkugeln hineinlegen. Den Topf mit einem gut schließenden Deckel abdecken und etwa 20 Minuten bei niedriger Hitze köcheln lassen. Den Deckel nicht öffnen! Die Dampfnudeln sind fertig, wenn die Flüssigkeit eingekocht ist und sie unten eine Kruste bekommen haben. Das hört man am Knistern. Topf vom Herd nehmen, Dampfnudeln mit zwei Esslöffeln aus dem Topf nehmen und verteilen.

TIPP Am besten mit Vanillesoße (Seite 116) oder selbst gemachtem Kompott servieren. Reste werden am nächsten Tag in Scheiben geschnitten und mit Speck in der Pfanne angebraten und z. B. mit Kräuterbutter serviert.

Kirschenmichel

Wenn im Sommer die Süßkirschen prall und dunkelrot am Baum leuchteten, wusste ich: Jetzt ist endlich wieder Kirschenmichelzeit. Denn diesen Auflauf gab es immer nur in der ziemlich kurzen Süßkirschensaison. Damit er möglichst oft auf den Tisch kam, half ich – mit viel Eifer und wenig Sorgfalt – beim Entkernen, sodass jeder beim Essen garantiert mehrfach auf Kirschkerne biss. Ich behauptete dann immer, die Kerne würden dem Kirschenmichel erst die richtige Würze geben. Ob das stimmt? Ausprobieren! Birgit

Für 4–6 Portionen
750 g Süßkirschen
5 Brötchen vom Vortag
500 ml Milch
2 Eier, Größe M
3 EL weiche Butter
6 EL Zucker
1 TL abgeriebene Schale von 1 Bio-Zitrone
1 Messerspitze Backpulver
2 gehäufte EL Mehl
1 EL Semmelbrösel
einige Butterflöckchen

Süßkirschen entkernen, beiseitestellen. Brötchen in 1 cm dünne Scheiben schneiden und in der kalten Milch einweichen. Eier trennen. Butter, 5 EL Zucker und Eigelbe in einer Schüssel mit dem Schneebesen schaumig rühren. Abgeriebene Zitronenschale, Backpulver, Mehl und eingeweichte Brötchen untermengen. Eiweiß in einer zweiten Schüssel mit den Rührquirlen des Handrührgeräts steif schlagen und unter die Mischung heben.

Den Backofen auf 180 °C Umluft vorheizen. Eine Auflaufform ausbuttern. Abwechselnd Kirschen und Eimasse in die Auflaufform schichten, bis alle Zutaten aufgebraucht sind. Auflauf mit Semmelbröseln bestreuen, einige Butterflöckchen daraufsetzen. Den Kirschenmichel auf die mittlere Schiene in den vorgeheizten Backofen schieben und etwa 45 Minuten backen, bis er goldbraun ist. Herausnehmen, mit 1 EL Zucker bestreuen und sofort servieren.

TIPP Kirschenmichel muss frisch aus dem Ofen gegessen werden. Abgekühlt verliert er viel von seiner duftigen Lockerheit und schmeckt nur noch halb so gut.

Quarkkäulchen

*Heißen die nun Käulchen oder Keulchen? Sind die süß oder salzig?
Kommen Kartoffeln mit rein oder nur Quark? Fragen über Fragen.
Und keine hundertprozentige Antwort. So ein Quarkkäulchen ist
nämlich ein richtiger Verwandlungskünstler. Wechselt Form und
Geschmack, wie es ihm gerade passt. Unser Rezept stammt von der
sächsischen Oma meiner Freundin Therese, die davon schon als Kind
nicht genug bekommen konnte. Es ist süß, mit Kartoffeln – und auf
jeden Fall ein Original.* Birgit

Für 4 Portionen
500 g Kartoffeln
Salz nach Geschmack
500 g Magerquark
100 g Mehl
4 EL Zucker
1 Ei, Größe M
*etwas frisch geriebene
Muskatnuss*
*1 TL abgeriebene Schale
von 1 Bio-Zitrone*
3 EL Butterschmalz

Kartoffeln (am besten schon am Vortag) in
reichlich Salzwasser in etwa 20 Minuten gar-
kochen, schälen und völlig auskühlen lassen.
Quark in eine Schüssel geben. Kartoffeln durch
die Presse drücken, fein reiben oder mit der
Gabel zerdrücken. Kartoffeln, Mehl, Zucker
und Ei zum Quark geben und alles zu einem
glatten Teig verrühren. Mit Salz, Muskatnuss
und Zitronenschale abschmecken. Teig
30 Minuten abgedeckt ruhen lassen.

Butterschmalz in einer großen Pfanne erhitzen.
Jeweils 1 EL Teig abstechen und in das heiße
Fett geben, etwas flach drücken und in eine
tropfenähnliche Form bringen. Bei mittlerer Hitze von jeder Seite in etwa
3 Minuten goldgelb backen. Sofort servieren.

TIPP Eine frisch gebrühte Tasse Kaffee ist ein Muss zu frischen Quarkkäulchen. Gut macht sich auch 1 Handvoll Korinthen oder Rosinen im Teig. Dann
aber die Zuckermenge auf 2 EL reduzieren.

Westfälische Quarkspeise

Von dieser köstlichen Schichtspeise mit karamellisierten Pumpernickel-bröseln hat mein Kollege Jan Bockholt mir schon häufig vorgeschwärmt. Wir bekamen das Rezept von seiner Mutter Ria. Jan liebt dieses Dessert seit Kindertagen und hat es während eines zweijährigen Kanada-Aufenthalts schon mit großem Erfolg gegen Heimweh und als Party-Mitbringsel eingesetzt. In Teilen Kanadas dürfte die Westfälische Quarkspeise mittlerweile allgemein bekannt sein, da jeder zweite Partygast begeistert nach dem Rezept fragte. Birgit

Für 4 Portionen
1 Glas Sauerkirschen
(350 g)
200 g Pumpernickel
3 EL Butter
8 EL Zucker
200 g Sahne
500 g Magerquark
1 Päckchen Vanillezucker

Kirschen in einem Sieb abtropfen lassen. Pumpernickel fein zerbröseln. Butter in einer Pfanne schmelzen, 4 EL Zucker dazugeben und unter Rühren bei mittlerer Hitze karamellisieren. Die Pumpernickelbrösel in den Karamell geben und alles gut vermischen. Beiseitestellen. Sahne steif schlagen, Quark in einer Schüssel mit Vanillezucker und restlichem Zucker cremig rühren. Sahne zum Quark geben und alles vorsichtig mischen.

In eine Glasschüssel oder vier große Portionsgläser einschichten: Je 1 Schicht Quarksahne, 1 Schicht gut abgetropfte Kirschen und 1 Schicht Pumpernickelbrösel. Das Ganze noch einmal wiederholen, sodass insgesamt 6 Schichten durchs Glas zu sehen sind. Im Kühlschrank 1–2 Stunden durchziehen lassen.

TIPP Schmeckt auch sehr gut mit Preiselbeeren aus dem Glas statt der Sauerkirschen.

Kuchen & Plätzchen

Erdbeer-Schmand-Kuchen

Nahrhaft wie Käsekuchen, erfrischend wie Käsesahnetorte – den Schmandkuchen bäckt meine Mutter nach einem alten Familienrezept. Irgendwann kam sie auf die Idee, ihn mit frischen Erdbeeren zu krönen. Seitdem ist dieser Kuchen der Star jeder festlichen Kaffeetafel. Birgit

Für 1 Springform, 26 cm Ø

4 EL Zucker
1 Ei, Größe M
150 g Mehl
1 gestrichener TL Backpulver
1 Prise Salz
4 EL kalte Butter
500 ml Milch
2 Päckchen Vanillepuddingpulver
200 g Zucker
4 Becher Schmand (à 200 g)
1 EL Speisestärke
1 kg möglichst gleich große Erdbeeren
150 g Erdbeerkonfitüre

Zucker und Ei in einer Schüssel schaumig rühren. Mehl, Backpulver und Salz dazugeben und untermengen. Kalte Butter dazugeben. Alles mit den Händen rasch zu einem Teig verkneten. Eine Kugel formen, in Frischhaltefolie wickeln und mindestens 1 Stunde in den Kühlschrank legen. Von der Milch 12 EL abnehmen und in ein Schüsselchen geben. Puddingpulver und Zucker in der kalten Milch glatt rühren. Restliche Milch in einem Topf aufkochen, vom Herd ziehen und mit einem Schneebesen die Puddingmischung einrühren. Zurück auf die Herdplatte stellen und Pudding unter ständigem Rühren etwa 1 Minute kochen, bis die Masse dick wird. Vom Herd nehmen.

Schmand in einer Rührschüssel mit dem abgekühlten Pudding vermengen, bis eine glatte Masse entsteht. Speisestärke unterrühren. Backofen auf 200 °C Ober-/Unterhitze vorheizen. Die Springform ausbuttern. Teig auf einer Arbeitsfläche ausrollen und gleichmäßig in die Springform drücken. Den Rand dabei hochziehen und andrücken.

Schmandmasse gleichmäßig in der Springform verteilen. Auf der unteren Schiene in den vorgeheizten Backofen schieben und Kuchen etwa 45 Minuten backen. Er sollte nur leicht gebräunt sein, gegebenenfalls vor Ende der Backzeit mit Alufolie abdecken. Schmandkuchen aus dem Ofen nehmen, aus der Form lösen und auf einem Kuchengitter auskühlen lassen und noch mindestens 2 Stunden kalt stellen. Erdbeeren waschen und trocken tupfen. Stielansatz so abschneiden, dass eine gerade Schnittfläche entsteht. Erdbeeren ringförmig auf den Schmandkuchen setzen. Konfitüre in einem kleinen Topf erhitzen und durch ein feines Sieb streichen. Erdbeeren mit der heißen Erdbeerkonfitüre glasieren.

Rezeptfoto siehe Seite 130

Kuchen & Plätzchen

Rhabarberkuchen mit Baiserhaube

*Buttrig-lockerer Rührteig, saftige Rhabarberstückchen und zart-schau-
miges Baiser machen diesen Kuchen einfach unwiderstehlich. Ein Rezept
von Tante Emilie, die ihn, seit ich zurückdenken kann, jeden Frühling
bäckt, sobald im Garten der erste Rhabarber reift. Besonders wenn
Matthias aus Vancouver zu Besuch kommt, muss Rhabarberkuchen
auf den Tisch. Denn den gibt es nicht in Kanada.* Birgit

**Für 1 Springform,
26 cm Ø**

1 kg Rhabarber
250 g zimmerwarme Butter
100 g Zucker
1 Päckchen Vanillezucker
1 Prise Salz
1 Ei, Größe L
250 g Mehl
2½ TL Backpulver
3 kalte Eiweiß
1 Prise Salz
100 g feiner Zucker

Rhabarber waschen und in etwa 4 cm lange
Stücke schneiden. Die dabei entstehenden
Fäden abziehen. Beiseitestellen. Backofen auf
180 °C Umluft vorheizen. Eine Springform ausbuttern und leicht mehlieren.

Butter und Zucker in einer Schüssel schaumig
rühren. Vanillezucker, Salz und Ei unterrühren.
Mehl mit Backpulver mischen, ebenfalls unterrühren. Den Teig in die Springform füllen, glatt
streichen. Rhabarberstücke auf den Teig legen,
leicht hineindrücken.

Auf die mittlere Schiene in den vorgeheizten
Backofen schieben und Kuchen 35–40 Minu-
ten backen. Garprobe machen (Tipp Seite 146). Kuchen aus dem Ofen nehmen, Backofentemperatur halten.

Eiweiße mit 1 Prise Salz in einer vorgekühlten Schüssel fast steif schlagen,
dann nach und nach den Zucker unterrühren. Eischnee auf den Kuchen
streichen, zurück in den Backofen stellen und noch einmal etwa 8 Minuten
backen, bis der Eischnee leicht gebräunt ist. Zwischendurch immer wieder
nachsehen, damit er nicht zu dunkel wird.

Rezeptfoto siehe Seite 131

TIPP Im Sommer schmeckt der Kuchen mit roten Johannisbeeren statt mit
Rhabarber. Die Johannisbeeren lassen sich mit einer Gabel ganz leicht von
den Stielen zupfen.

Zwetschgendatschi

Hefekuchen vom Blech sind etwas Wunderbares. Vor allem, wenn sie mit richtig süßen, vollreifen Pflaumen oder Zwetschgen belegt sind. Regional gibt es dafür immer ein besonderes Rezept. Der in Süddeutschland Zwetschgendatschi genannte Kuchen heißt in Rheinhessen beispielsweise Quetschekuche. Weil man dafür aber immer eine ganze Menge Früchte vorbereiten muss, durfte ich schon als Kind mithelfen. Deshalb weiß ich ganz genau, dass man die Pflaumen oder Zwetschgen wie eine Mini-Ziehharmonika aufschneiden muss. Und dass die Reihen ganz dicht gesetzt werden, ähnlich einer vollbesetzten Touristenklasse im Flugzeug – und alle haben die Rückenlehne nach hinten gestellt. Birgit

Für 1 Backblech

500 g Mehl
1 Würfel Hefe (42 g; oder
1 Päckchen Trockenhefe)
100 g Zucker
250 ml lauwarme Milch
125 g weiche Butter
2 Eier, Größe M
1 Prise Salz
1½ kg Pflaumen oder
Zwetschgen
50 g Zucker

Mehl in eine Schüssel sieben, eine Mulde hineindrücken. Hefe in die Mulde bröseln, 1 Prise vom Zucker und 4 EL von der Milch zur Hefe geben. Vorsichtig mit etwas Mehl vermischen. Vorteig in der Schüssel zugedeckt an einem warmen Ort 20 Minuten gehen lassen.

Butter zerlassen. Restliche Milch, restlichen Zucker, Eier, Butter und Salz zum Vorteig geben. Mit den Händen so lange kneten, bis kein Teig mehr an den Fingern kleben bleibt. Das dauert etwa 3–4 Minuten. Zugedeckt an einem warmen Ort weitere 40 Minuten gehen lassen, bis sich das Volumen fast verdoppelt hat.

Pflaumen oder Zwetschgen waschen, entlang der Einkerbung so aufschneiden, dass die Hälften noch zusammenhängen, Stein herausnehmen. Jede der beiden Hälften noch einmal mittig längs einschneiden, sodass das Fruchtfleisch wie eine Ziehharmonika zusammenhängt. Backblech ausbuttern oder mit Backpapier auslegen.

Teig auf einer bemehlten Arbeitsfläche zu einem Rechteck von der Größe des Backblechs ausrollen und auf das Blech legen. Mit einer Gabel den Teig mehrfach einstechen. Pflaumen oder Zwetschgen in dichten Reihen auf den Teig legen. Mit einem Tuch abdecken, weitere 20 Minuten gehen lassen. Backofen auf 200 °C Ober-/Unterhitze vorheizen. Das Backblech auf die mittlere Schiene in den vorgeheizten Backofen schieben und Kuchen 30 Minuten backen. Aus dem Ofen nehmen, noch heiß mit dem Zucker bestreuen.

Himbeer-Biskuitrolle

In Tante Emilies Garten gibt es zwei riesige Himbeerhecken. Eine davon ist schon sehr alt. Die Früchte von der neueren Hecke schmecken ganz gut – doch wenn man ihr Aroma mit der alten Sorte vergleicht, liegen Welten dazwischen. Den Himbeerbiskuit bäckt Emilie für mich, seit ich denken kann. Mal ein anderer Geburtstagskuchen? Unvorstellbar! Birgit

Für 1 Biskuitrolle
4 Eier, Größe M
150 g Zucker
1 Päckchen Vanillezucker
75 g Mehl
50 g Speisestärke
1 TL Backpulver
100 g Mandelblättchen
1 TL Butter
300 g Sahne
1 EL Puderzucker
300 g Himbeeren

Ein Backblech mit Backpapier auslegen. Den Backofen auf 200 °C Ober-/Unterhitze (Umluft 180 °C) vorheizen. Eier und 4 EL heißes Wasser mit den Rührquirlen des Handrührgeräts in einer großen Schüssel auf höchster Stufe schaumig schlagen. Zucker (3 TL davon zurückbehalten) mit Vanillezucker mischen, nach und nach einstreuen. Weitere 2 Minuten schlagen. Mehl, Speisestärke und Backpulver mischen, auf die Eiercreme sieben und langsam unterrühren. Den Teig 1 cm dick auf das Backpapier streichen.

Backblech auf der unteren Schiene in den vorgeheizten Backofen schieben und Biskuit 10–15 Minuten backen. Ein Geschirrtuch dünn mit 1 EL Zucker bestreuen. Fertigen Biskuit aus dem Ofen nehmen und sofort auf das Tuch stürzen. Backpapier schnell und vorsichtig abziehen. Biskuitboden mithilfe des Geschirrtuchs aufrollen und auskühlen lassen.

Mandelblättchen mit der Butter in einer beschichteten Pfanne unter Rühren leicht bräunen. 1 TL Zucker darüberstreuen und kurz durchrühren. Sahne leicht anschlagen, Puderzucker dazugeben und steif schlagen. Biskuitrolle wieder entrollen, auf dem Handtuch liegen lassen. Die Hälfte der Sahne gleichmäßig auf den Teig streichen. Himbeeren mit 1 TL Zucker bestreuen, darübergeben und leicht in die Sahne drücken. Biskuit mit der Füllung aufrollen – nicht zu fest drücken, sonst quillt zu viel Sahne an den Seiten heraus. Enden mit dem Messer gerade abschneiden. Biskuitrolle außen mit der restlichen Sahne bestreichen. Gleichmäßig mit den gerösteten Mandelblättchen bestreuen.

TIPP Mandelblättchen dunkeln häufig noch nach, deshalb nach dem Rösten gleich aus der Pfanne auf einen kalten Teller schütten.

Gugelhupf

Wenn ich mit meinen beiden Jungs Gugelhupf backe, dann nur in der alten Tonform aus Familienbesitz – darin wird schon seit fast hundert Jahren nur dieser Kuchen gebacken. Noch viel älter ist das Gugelhupfrezept mit Hefe, damit schmeckt der Kuchen einfach viel besser als mit Rührteig und Backpulver. Probieren Sie's am besten selbst einmal aus! Linn

Für 1 Napfkuchen-form, 24 cm Ø

100 g Rosinen
100 g Korinthen
400 g Mehl
30 g Hefe (oder 1 Päck-chen Trockenhefe)
130 g Zucker
100 ml lauwarme Milch
250 g Butter
1 Päckchen Vanillezucker
4 Eier, Größe M
1 Prise Salz
abgeriebene Schale von 1 Bio-Zitrone
3 EL Puderzucker

Rosinen und Korinthen heiß waschen, auf Küchenpapier abtropfen lassen. 2 EL vom Mehl zurückbehalten. Restliches Mehl in eine Schüssel sieben, eine Mulde hineindrücken. Hefe in die Mulde bröseln, 1 Prise Zucker und 4 EL von der Milch zur Hefe geben. Vorsichtig mit etwas Mehl vermischen. Vorteig in der Schüssel zugedeckt an einem warmen Ort 20 Minuten gehen lassen, bis er Blasen wirft.

Napfkuchenform ausbuttern. Die restliche Butter in einem Topf zerlassen, mit restlichem Zucker, Vanillezucker, restlicher Milch, Eiern, Salz und Zitronenschale zum Vorteig geben. Mit einem Handrührgerät mischen, bis der Teig Blasen wirft. Rosinen und Korinthen mit den restlichen 2 EL Mehl vermischen, zum Teig geben und dem Teigschaber unterheben.

Den Teig in die Form füllen und zugedeckt an einem warmen Ort weitere 40 Minuten gehen lassen.

Backofen auf 180 °C Ober-/Unterhitze vorheizen. Den Kuchen auf die mittlere Schiene in den Ofen schieben und 60 Minuten backen. Garprobe machen (Tipp Seite 146). Gugelhupf herausnehmen und etwas abkühlen lassen. Nach 20 Minuten auf ein Kuchengitter stürzen. Übrige Butter (15 g) zerlassen und den Kuchen damit bestreichen. Mit dem Puderzucker bestreuen.

TIPP Dieser Kuchen passt nicht nur ganz klassisch zu Kaffee, Tee oder Kakao, sondern schmeckt auch lecker zu einem Glas Rot- oder Dessertwein. Wer will, ersetzt Korinthen durch Zitronat oder Orangeat oder mischt alles zu gleichen Teilen.

Becher-Butterkuchen

Bei diesem Rezept handelt es sich nicht um einen klassischen Butter-kuchen aus Hefeteig, sondern um einen schnellen Becherkuchen, der unglaublich saftig schmeckt. Das Rezept von meiner Oma ist besonders für Backeinsteiger geeignet, denn es ist nicht nur eines der Besten, sondern vielleicht auch der einfachste Kuchen der Welt. Tipp von Oma: Immer einen ausgespülten Sahnebecher im Schrank haben. Denn der wird gebraucht, wenn man den Kuchen backen will. Linn

Für 1 Backblech

Teig:

1 Becher Sahne (250 g)
1 Becher Zucker
1 Päckchen Vanillezucker
1 Prise Salz
4 Eier, Größe M
2 Becher Mehl
1 Päckchen Backpulver

Guss:

125 g Butter
½ Becher Zucker
4 EL Sahne
200 g Mandelblättchen

Backofen auf 180 °C Ober-/Unterhitze vorheizen. Ein Backblech mit mindestens 1½ cm hohem Rand mit Backpapier auslegen. Für den Teig Sahne mit Zucker, Vanillezucker, Salz und Eiern in eine Rührschüssel geben und mit den Rührquirlen des Handrührgeräts schaumig schlagen. Mehl mit Backpulver zum Teig sieben und weiterrühren, bis er Blasen schlägt. Den Teig auf dem Backpapier verstreichen. In den vorgeheizten Backofen schieben und auf mittlerer Schiene 10–20 Minuten vorbacken, bis er ganz leicht gebräunt ist.

Derweil den Guss zubereiten: Butter auf kleiner Flamme in einem Topf zerlassen, vom Herd nehmen und etwa 5 Minuten abkühlen lassen. Zucker und Sahne dazugeben, alles miteinander verquirlen. Zum Schluss die Mandelblättchen unterheben. Den vorgebacke-nen Kuchen aus dem Ofen holen und den Guss vorsichtig mit einem Spatel darauf verstreichen. Der Teig darf nicht einreißen! Das Backblech wieder in den Ofen schieben und den Kuchen weitere 15 Minuten backen.

Eierschecke

*Es gibt wahrscheinlich so viele Eierscheckerezepte wie sächsische Famili-
en: mit Rührteig, mit Mürbeteig oder ganz ohne Boden, mit und ohne
Rosinen – und die Freiberger Eierschecke und die Dresdner Eierschecke
sind sowieso völlig verschiedene Kuchen. Unser Rezept ist eine klassische
Variante mit Hefeteig, Quark und Eiercreme.*

Für 1 Backblech

Teig:

350 g Mehl
1 Päckchen Trockenhefe
125 ml Milch
3 EL Zucker
50 g Butter
1 Ei, Größe M
1 Prise Salz

Quarkmasse:

2 Eier, Größe M
5 EL Zucker
500 g Magerquark
1 Päckchen
Vanillepuddingpulver
abgeriebene Schale
von ½ Bio-Orange

Eiercreme:

1½ Päckchen
Vanillepuddingpulver
500 ml Milch
175 g Butter, in Stückchen
150 g Zucker
3 Eier, Größe M
1 Prise Salz

Für den Teig das Mehl in eine Schüssel sieben, die Trockenhefe mit dem Mehl locker vermischen. Milch lauwarm erhitzen und mit Zucker, Butter, Ei und 1 Prise Salz mit dem Knethaken des Handrührgeräts verkneten. Mit den Händen weiterkneten, bis der Teig nicht mehr klebt. In einer Schüssel zugedeckt an einem warmen Ort 30–40 Minuten gehen lassen, bis er sein Volumen fast verdoppelt hat. Ein Backblech mit 2 cm hohem Rand mit Backpapier auslegen. Teig auf Blechgröße ausrollen und auf das Backpapier legen. Einen Rand formen, nochmals zugedeckt 15–20 Minuten an einem warmen Ort gehen lassen.

Für die Quarkmasse Eier mit Zucker schaumig rühren. Quark, Puddingpulver sowie Orangenschale nacheinander untermengen. Backofen auf 180 °C Ober-/Unterhitze vorheizen. Für die Eiercreme den Pudding nach Packungsanleitung mit der Milch (ohne Zucker!) kochen, fertigen Pudding in eine große Schüssel füllen. Butter und Zucker mit einem Schneebesen gut unter den heißen Pudding rühren. Masse abkühlen lassen, bis sie nur noch lauwarm ist. Inzwischen die Eier trennen. Eigelbe in die Puddingmasse geben, gut mit dem Schneebesen untermengen. Eiweiße mit einer Prise Salz zu Schnee schlagen und vorsichtig unter die Puddingmasse heben. Zuerst die Quarkmasse, dann die Eiercreme auf den Hefeboden streichen. Backblech auf der mittleren Schiene in den vorgeheizten Backofen schieben und die Eierschecke in 40 Minuten goldbraun backen. Nach 15–20 Minuten mit Backpapier abdecken, damit sie nicht zu dunkel wird. Herausnehmen, auskühlen lassen und in Stücke schneiden.

Gefüllte Kartoffelhörnchen

Dieses Gebäck taugt nicht für die feine Geburtstagskaffeetafel. Es ist ein Alltagshörnchen. Mit seiner dezenten Süße und dem kompakten Teig wie geschaffen für den Frühstücks- oder Nachmittagskaffee, an einem gewöhnlichen Dienstag oder Donnerstag. Genau so, wie meine Mutter es früher oft gemacht hat. Birgit

Für 12 Stück

250 g mehlig kochende Kartoffeln
50 g weiche Butter
2 Eier, Größe M
100 g Zucker
250 g Mehl
1 Päckchen Backpulver
1 Prise Salz
1 Päckchen Vanillezucker
12 gehäufte TL Konfitüre nach Geschmack
3 EL Milch
etwas Puderzucker

Wenn keine Pellkartoffeln vom Essen übrig sind, Kartoffeln am Vortag in reichlich Salzwasser gar kochen. Am Backtag schälen und durch eine Kartoffelpresse drücken. Weiche Butter mit Eiern und Zucker in einer Schüssel schaumig rühren. Kartoffeln einrühren. Mehl mit Backpulver, Salz und Vanillezucker vermischen, ebenfalls unter die Kartoffelmasse rühren. Teig leicht verkneten, eine Kugel formen, abdecken und 1½ Stunden in den Kühlschrank stellen.

Backofen auf 200 °C Ober-/Unterhitze vorheizen. Backblech mit Backpapier auslegen. Teig auf einer bemehlten Arbeitsfläche 5 mm dick ausrollen. 12 Quadrate von etwa 10 cm Seitenlänge ausschneiden. Jedes Teigquadrat mit 1 gehäuften TL Konfitüre bestreichen. Quadrate diagonal, von einer Spitze ausgehend, aufrollen und zu Hörnchen formen. Auf das Backpapier setzen und mit Milch bestreichen. Backblech auf die mittlere Schiene in den vorgeheizten Backofen schieben und Hörnchen in 20–25 Minuten goldgelb backen. Herausnehmen und nach Wunsch leicht mit Puderzucker bestäuben.

TIPP Sehr gut passen Aprikosenkonfitüre, Pflaumen- und Hagebuttenmus zu den Hörnchen. Keine Sorge, wenn beim Backen etwas Marmelade aus den Hörnchen quillt: Sie schmecken dadurch besonders lecker.

Zitronenkuchen

*Warum dieser Kuchen so unglaublich saftig schmeckt? Ganz einfach:
Er wird bei niedriger Temperatur ziemlich lange gebacken! Ein echter
Sommerkuchen als Alternative zu Obsttorten.*

**Für 1 Kastenform,
30 cm Länge**

Teig:

300 g weiche Butter
300 g Zucker
5 Eier, Größe M
300 g Mehl
½ Päckchen Backpulver
1 Prise Salz
*Saft und abgeriebene Schale
von 1 Bio-Zitrone*

Glasur:

Saft von ½ Zitrone
200 g Puderzucker

Den Backofen auf 140 °C Ober-/Unterhitze vorheizen. Eine Kastenform ausbuttern. Für den
Teig Butter mit Zucker in einer Schüssel mit
den Rührquirlen des Handrührgeräts schaumig
rühren, nach und nach die Eier dazugeben.
Mehl und Backpulver auf die Eimasse sieben,
Salz, Zitronensaft und Zitronenschale hinzufügen und so lange auf höchster Stufe weiterrühren, bis der Teig Blasen schlägt. Teig in die
Kastenform füllen, auf der mittleren Schiene im
vorgeheizten Backofen etwa 90 Minuten
backen.

Ist der Kuchen oben gebräunt, mit einem Holz-
stäbchen die Garprobe (siehe Tipp) machen.
Fertigen Kuchen aus dem Ofen nehmen und
etwas auskühlen lassen, dann aus der Form
nehmen und auf eine Kuchenplatte setzen. Für die Glasur den Zitronensaft
langsam in den Puderzucker gießen und so lange rühren, bis die Glasur ganz
glatt ist. Den Zitronenkuchen mit der Glasur überziehen.

TIPP Der Zitronenkuchen lässt sich prima einfrieren und schmeckt auch
nach dem Auftauen wie frisch gebacken! Garprobe – so geht's: Mit dem Holz-
stäbchen mitten in den Kuchen stechen, bleibt kein Teig mehr daran hängen,
ist er fertig.

Margot Pehrs aus Schleswig-Holstein

Kuchen, Keks und frische Brise

Wie viele Kuchen Margot Pehrs aus Wedel in Schleswig-Holstein in der Woche so backt? »Mindestens einen«, überlegt sie und lacht, »es können aber auch bis zu drei Stück am Tag sein.« Die Kuchen finden reißenden Absatz bei Familie, Nachbarn und Freunden – sie backt sogar auf Bestellung, wenn zum Beispiel einer der Enkel ein Blech Butterkuchen zur Arbeit mitnehmen will, und das leidenschaftlich gern. Ganz oben auf Margots Backhitliste stehen Rührkuchen wie Zitronenkuchen, Butterkuchen und Mohnkuchen mit Streuseln, auch Heidesand bereitet sie immer auf Vorrat zu, sodass die große Keksdose im untersten Schrankfach nie leer wird. Da bleibt sicher keine Zeit für andere Hobbys? Wieder lacht sie herzlich, die Augen blitzen dabei, wenn sie erzählt, wie viel sie unterwegs ist: Gestern war sie bis drei Uhr nachts auf einem Ball, demnächst

steht wieder eine ihrer zahlreichen Reisen an, dazu die Gartenarbeit und zwischendurch wird noch gestrickt, was das Zeug hält: Ein angefangener Pullover für einen ihrer vier Urenkel liegt immer im bunten Strickkorb – und jede Menge Socken, die braucht man immer. Dass sie auf die 90 zugeht, kann sie selbst kaum glauben – Margot erledigt fast alles mit dem Rad oder zu Fuß, in der kleinen norddeutschen Stadt direkt an der Elbe sind die Entfernungen ja auch nicht so groß. In ihrem Garten hört man die großen Schiffe tuten, die wenige hundert Meter entfernt vom »Willkomm-Höft« begrüßt werden. Neulich traf sie bei einem Fest eine Bekannte, die sie seit 60 Jahren nicht gesehen hatte, und die sagte zu ihr: »Du hast immer noch dieselben Augen, Margot.« Wer sie anschaut, glaubt es sofort.

148

Mohnkuchen mit Streuseln

Das Ursprungsrezept entdeckte Margot Pehrs Anfang der 1950er-Jahre in einer Zeitschrift und änderte es so lange ab, bis dieser vielgeliebte Mohnkuchen daraus wurde. Linn

Margot Pehrs aus Schleswig-Holstein

Für 1 Backblech

Füllung:

250 g Rosinen
2 EL Rum
500 g gemahlener Mohn
500 ml Milch
70 g Weichweizengrieß
150 g Zucker
1 Prise Salz
1 Ei, Größe M
Saft von ½ Zitrone

Boden:

150 g weiche Butter
150 g Zucker
2 Eier, Größe M
1 Prise Salz
abgeriebene Schale
von ½ Bio-Zitrone
250 g Mehl
2 TL Backpulver

Streusel:

200 g Butter
250 g Mehl
250 g Zucker
1 Prise Salz

Für die Füllung die Rosinen 30 Minuten in Rum einlegen. Mohn in eine Schüssel geben und mit 500 ml kochendem Wasser übergießen, umrühren und 15 Minuten quellen lassen. Milch in einem Topf aufkochen, Grieß, Zucker und Salz hineingeben. 1 Minute unter Rühren kochen lassen, vom Herd nehmen. Den Grießbrei zum Mohn geben, alles mit Ei und Zitronensaft vermengen und abkühlen lassen. Den Backofen auf 180 °C Ober-/Unterhitze vorheizen. Ein Backblech mit Backpapier auslegen.

Für den Boden die weiche Butter und den Zucker mit den Rührquirlen des Handrührgeräts cremig schlagen, nach und nach Eier, Salz und Zitronenschale sowie das Mehl und das Backpulver dazugeben. Alles zu einem glatten Teig rühren und diesen auf dem Backpapier verstreichen.

Für die Streusel die Butter zerlassen. In einer Schüssel mit Mehl, Zucker und Salz zu krümeligen Streuseln verarbeiten. Die Mohnfüllung auf den Teigboden streichen, die Streusel gleichmäßig darüberstreuen. Das Backblech auf die mittlere Schiene in den Backofen schieben und Kuchen 40–45 Minuten backen.

150

Quarkstollen

Stollen gehört zur Vorweihnachtszeit einfach dazu. Dieser ist aus einem besonders leichten Quark-Hefe-Teig, deshalb nicht so schwer wie der echte Dresdner Stollen und schmeckt auch sonst das ganze Jahr zum Sonntagsfrühstück – besonders gut übrigens mit der Erdbeer-Rhabarber-Konfitüre von Seite 170.

Für 1 Stollen
500 g Mehl
1 Würfel Hefe (42 g; oder 1 Päckchen Trockenhefe)
200 g Zucker
125 ml lauwarme Milch
150 g Rosinen
250 g Quark
2 Eier, Größe M
100 g weiche Butter
1 Prise Salz
25 g Zitronat
25 g Orangeat
1 TL zerlassene Butter
50 g Puderzucker

Mehl in eine Schüssel sieben, eine Mulde hineindrücken. Hefe in die Mulde bröseln, 1 Prise Zucker und 4 EL von der Milch zur Hefe geben. Vorsichtig mit etwas Mehl vermischen. Vorteig in der Schüssel zugedeckt an einem warmen Ort 20 Minuten gehen lassen, bis er Blasen wirft.

Rosinen heiß waschen und abtropfen lassen. Zusammen mit der restlichen Milch, Quark, Eiern, Butter restlichem Zucker, Salz, Zitronat und Orangeat zum Vorteig geben. Mit dem Knethaken des Handrührgeräts so lange kneten, bis der Teig sich vom Schüsselrand löst.

Ein Backblech mit Backpapier auslegen. Teig mit bemehlten Händen zu einem länglichen Laib formen, auf das Blech legen und den Stollen in den kalten Backofen auf die mittlere Schiene schieben.

Ofen auf 180 °C Ober-/Unterhitze stellen und den Stollen 45–55 Minuten backen. Wichtig: Nach etwa 15–20 Minuten, wenn der Stollen schon leicht gebräunt ist, mit Backpapier abdecken – sonst wird er zu dunkel. Herausnehmen und sofort nach dem Backen mit zerlassener Butter bestreichen. Abkühlen lassen und vor dem Servieren mit gesiebtem Puderzucker bestäuben.

TIPP Alle Backzutaten sollten Zimmertemperatur haben, also bitte rechtzeitig aus dem Kühlschrank nehmen. Bei diesem Stollen gibt es viele Variationsmöglichkeiten: Zitronat weglassen, stattdessen geriebene Bio-Zitronenschale dazugeben, gehackte Mandeln oder Pistazien in den Teig geben oder Marzipanrohmasse in die Mitte füllen. Werden die Rosinen weggelassen, erhält man ein saftiges Quarkbrot.

Käsekuchen

Kein Geburtstag, keine Taufe und kein Hochzeitstag ohne Käsekuchen, wenn auch in unterschiedlichen Varianten: mit Rosinen, mit Dosenmandarinen oder als Quarktorte – sie schmecken alle. Diese ganz klassische Variante geht schnell, ist unkompliziert und trotzdem sehr lecker und cremig.

Für 1 Springform, 24 cm Ø

Teig:

250 g Mehl
125 g kalte Butter, in Stückchen
50 g Zucker
1 Prise Salz
1 Ei, Größe M

Füllung:

750 g Quark
(40 % Fettgehalt)
1 Päckchen Vanillezucker
130 g Zucker
4 Eier, Größe M
60 g Speisestärke
125 g zerlassene Butter
abgeriebene Schale von
1 Bio-Zitrone

Mehl in eine Schüssel sieben. Butter, Zucker, Salz und Ei dazugeben und mit den Händen rasch zu einem glatten Teig verkneten. Eine Kugel formen, in Frischhaltefolie wickeln und mindestens 30 Minuten im Kühlschrank ruhen lassen.

Den Backofen auf 180 °C Ober-/Unterhitze vorheizen. Die Springform ausbuttern. Für die Füllung in einer Schüssel Quark, Vanillezucker, Zucker, Eier, Stärke, zerlassene Butter und Zitronenschale mit den Rührquirlen des Handrührgeräts verrühren. Mürbeteig ausrollen, die gefettete Springform damit auslegen und einen Rand formen. Die Quarkmasse einfüllen. Form in den vorgeheizten Backofen schieben und den Kuchen auf der zweiten Schiene von unten etwa 45–55 Minuten backen.

TIPP Wenn der Käsekuchen im Ofen zu sehr bräunt, einfach mit Backpapier abdecken.
Dieses Käsekuchen-Grundrezept kann ganz einfach variiert werden. Lecker schmecken Brombeeren oder Johannisbeeren in der Quarkmasse, aber natürlich auch Rosinen oder Apfelstückchen.

Bratapfelkuchen

Ganz ohne Übertreibung: Dieser Bratapfelkuchen ist einer der besten Kuchen der Welt. Er schmeckt unvergleichlich cremig-vanillig, ein toller Kontrast zur herrlichen Säure der Äpfel! Dazu eine Tasse heißen Kaffee, und die Welt ist in Ordnung. Linn

Für 1 Springform, 24 cm Ø

Teig:

200 g Mehl, Type 550
½ TL Backpulver
75 g Zucker
1 Päckchen Vanillezucker
1 Prise Salz
1 Ei, Größe M
100 g weiche Butter

Füllung:

8 kleine, säuerliche Äpfel
Saft von 1 Zitrone
1 Päckchen Vanillepuddingpulver
50 g Zucker
600 g Sahne
50 g Mandelblättchen

Backofen auf 180 °C Ober-/Unterhitze (160 °C Umluft) vorheizen. Springform inklusive Rand einfetten. Für den Teig Mehl und Backpulver in eine Schüssel sieben. Zucker, Vanillezucker, Salz, Ei und Butter hinzufügen und mit dem Knethaken des Handrührgeräts zu einem Teig verarbeiten. Mit der Hand zu einer Kugel formen. Die Kugel teilen, die Hälfte des Teigs ausrollen und den Boden der Springform damit auslegen. Restlichen Teig kühl stellen. Den Boden mit einer Gabel einstechen, die Springform auf die mittlere Schiene in den vorgeheizten Ofen schieben und etwa 15 Minuten vorbacken, herausnehmen und 15 Minuten abkühlen lassen. Die Backofentemperatur beibehalten.

Rest des Teigs zu einer langen Rolle und aus der Rolle einen Rand für den Kuchenboden formen. Äpfel im Ganzen schälen, mit einem Apfelausstecher das Kerngehäuse entfernen. Mit Zitronensaft beträufeln und auf den Tortenboden setzen. Puddingpulver mit dem Zucker und 200 g Sahne in einer Schüssel verrühren. Restliche Sahne in einem Topf unter Rühren zum Kochen bringen. Von der heißen Platte nehmen, Puddingpulvermischung mit einem Schneebesen einrühren und nochmals 2 Minuten unter Rühren aufkochen lassen. Heißen Sahnepudding über die Äpfel gießen und mit Mandelblättchen bestreuen. Kuchen auf die mittlere Schiene in den vorgeheizten Backofen schieben und 65 Minuten backen.

TIPP Wer den Kuchen mit Rosinen backen möchte, legt 75 g Rosinen 30 Minuten in 2–3 EL Rum ein, streut sie über die Äpfel und gießt dann erst den Pudding darüber.

Sonntagshefezopf

Es gibt einfach nichts auf der Welt, was an einem verregneten Sonntagmorgen besser schmeckt als ein frisch gebackener Hefezopf mit Butter und Erdbeermarmelade! Übrigens: Je frischer die Hefe ist, umso besser wird der Teig aufgehen. Kaufen Sie also nie Hefe, die nur noch wenige Tage haltbar ist! Linn

Für 1 Hefezopf
1 kg Mehl
1 Würfel Hefe (42 g)
110 g Zucker
250 ml lauwarme Milch
120 g weiche Butter
3 Eier, Größe M
1 Prise Salz
1 Päckchen Vanillezucker
1 Eigelb
Hagelzucker

Mehl in eine Schüssel sieben, eine Mulde hineindrücken. Hefe in die Mulde bröseln, 1 Prise Zucker und 4 EL von der Milch zur Hefe geben. Vorsichtig mit etwas Mehl vermischen. Vorteig in der Schüssel zugedeckt an einem warmen Ort 20 Minuten gehen lassen, bis er Blasen wirft. Restlichen Zucker, restliche Milch, Butter, Eier, Salz und Vanillezucker zum Vorteig geben.

Mit den Händen so lange kneten, bis kein Teig mehr an den Fingern kleben bleibt. Das dauert etwa 3–4 Minuten. Aus dem Teig eine Kugel formen, in eine Schüssel legen und zugedeckt an einem warmen Ort weitere 40 Minuten gehen lassen, bis sich das Volumen fast verdoppelt hat.

Backofen auf 180 °C Ober-/Unterhitze (160 °C Umluft) vorheizen. Teig in drei gleich große Kugeln teilen und diese auf Backpapier zu drei langen Rollen formen – am besten gleich auf dem Backblech. Die drei Rollen von der Mitte her zu einem Zopf flechten. Eigelb verquirlen, auf den Zopf pinseln und mit reichlich Hagelzucker bestreuen. Backblech auf die mittlere Schiene in den vorgeheizten Backofen schieben und Hefezopf 35–45 Minuten backen. Nach etwa 20–25 Minuten mit Backpapier abdecken, damit der Zopf nicht zu braun wird. Nach 35 Minuten die Klopfprobe mit dem Fingerknöchel machen: Klingt der Zopf hohl, ist er fertig!

TIPP Zu Ostern wird aus dem Zopf ganz schnell ein Osterkranz: Dazu den geflochtenen Zopf an den Enden verbinden, sodass ein runder Kranz entsteht. Ein hart gekochtes, gefärbtes Ei in die Mitte setzen, den Teig mit Eigelb bepinseln und wie oben angegeben backen.

Kalter Hund

Ein Kuchen ohne Backen – allerdings mit umso mehr Kalorien. Dafür schmeckt er einfach wunderbar schokoladig, zartschmelzend und weckt Erinnerungen an lustige Kindergeburtstage mit Stopptanz und Eierlaufen. Außerdem eignet er sich super als Dessert für mindestens 8 Personen!

Für 1 Kastenform, 25 cm Länge

450 g Vollmilchkuvertüre
150 g Zartbitterkuvertüre
150 g Kokosfett
200 g Sahne
etwa 250 g Butterkekse

Kastenform mit etwas Butter einfetten und mit Backpapier oder einem Gefrierbeutel auslegen. Kuvertüre und Kokosfett klein hacken und zusammen mit der Sahne in einen Topf geben. Bei geringer Hitze und unter ständigem Rühren erwärmen, bis eine flüssige Masse ohne Klümpchen entsteht. Schokoladencreme und Butterkekse abwechselnd schichtweise in die Form füllen, dabei mit einer Schicht Schokolade beginnen und aufhören. Den Kalten Hund am besten über Nacht (mindestens jedoch 5 Stunden) in den Kühlschrank stellen. Am nächsten Tag vorsichtig mit einem Messer aus der Form lösen, stürzen und die Folie bzw. das Papier abziehen.

TIPP Kalter Hund schmeckt leicht gekühlt am allerbesten!

Bärentatzen

Diese kleinen Tatzen sind außen knusprig, innen ganz weich und wunderbar schokoladig. Traditionell gelten sie als Weihnachtsgebäck, das man aber eigentlich das ganze Winterhalbjahr über essen kann.

Für etwa 50 Stück

*6 Eiweiß
500 g Zucker
200 g geriebene Zartbitterschokolade
1 TL Zimt
abgeriebene Schale von ½ Bio-Zitrone
500 g gemahlene Haselnusskerne
1 EL Kakao
Zucker nach Belieben*

Eiweiße mit den Rührquirlen des Handrührgeräts steif schlagen, dabei den Zucker nach und nach in den Eischnee einrieseln lassen, dabei weiterrühren. Schokolade, Zimt, die Zitronenschale, Haselnusskerne und Kakao untermischen. Teig 4 Stunden ruhen lassen.

Aus dem Teig walnussgroße Kugeln formen und diese erst in Zucker, dann in eine Bärentatzenform aus Holz oder alternativ in die Mulde eines Teelöffels drücken. Bärentatze aus der Form nehmen und auf ein mit Backpapier ausgelegtes Backblech setzen. Die Bärentatzen über Nacht trocknen lassen.

Am nächsten Tag den Backofen auf 130 °C Ober-/Unterhitze vorheizen. Backblech auf die mittlere Schiene in den Backofen schieben und Bärentatzen 20 Minuten backen, danach 5 Minuten im ausgeschalteten Ofen ruhen lassen. Noch schokoladiger werden die Tatzen, wenn sie nach dem Backen in geschmolzene Kuvertüre getaucht werden.

TIPP Was tun mit den 6 Eigelben? Entweder gleich weiterbacken, denn es gibt viele Plätzchen wie Vanillekipferl oder Zitronenherzen, für die nur das Eigelb gebraucht wird. Weitere Tipps dazu im Anhang (Seite 187).

Heidesand

Meine Oma hat immer Heidesandplätzchen vorrätig, die sie dann bäckt, wenn ihr Vorrat in der Keksdose zur Neige geht. Auch wenn sie zu Besuch kommt, bringt sie ein paar Plätzchen mit. Ich war ganz erstaunt, wie wenige Zutaten in den Teig kommen, denn sie schmecken sehr raffiniert. Der Trick ist die geschmolzene und wieder erkaltete Butter. Linn

Für etwa 70 Stück

275 g Butter
250 g Zucker
1 Päckchen Vanillezucker
375 g Mehl
1 TL Backpulver
2 EL Milch
¼ TL Salz

Butter in einem Topf bei mittlerer Hitze zerlassen und bräunen, bis sie appetitlich zu duften beginnt. Butter vom Herd nehmen, in eine Rührschüssel geben und etwa 30 Minuten auskühlen lassen, bis sie wieder fest ist. Dann Zucker und Vanillezucker dazugeben und alles mit den Rührquirlen des Handrührgeräts schaumig rühren. Mehl nach und nach in die Schüssel sieben. Backpulver, Milch und Salz zufügen und den Teig dann mit den Händen so lange kneten, bis sich alle Zutaten gut vermischt haben. Aus dem Teig etwa 3 cm dicke Rollen formen und diese etwa 1 Stunde im Kühlschrank ruhen lassen.

Den Backofen auf 180 °C Ober-/Unterhitze vorheizen. Ein Backblech mit Backpapier auslegen. Teigrollen in etwa 5 mm dicke Taler schneiden und auf das Backpapier legen. Das Backblech auf die mittlere Schiene in den vorgeheizten Backofen schieben und die Plätzchen etwa 15 Minuten backen, bis sie ganz leicht gebräunt sind. Aus dem Ofen nehmen und abkühlen lassen.

TIPP Heidesand in Vorratsdosen füllen – und auf Besuch warten.
Wichtig: Immer einen ganzen Keks im Mund zergehen lassen.

Bethmännchen

Die köstlichen, kleinen Marzipankegel sind eine Frankfurter Spezialität. Ursprünglich soll das Rezept aus der bekannten Frankfurter Bankiersfamilie Bethmann stammen: Für jeden der vier Bethmann-Söhne wurde je 1 Mandelhälfte in das Gebäck gedrückt. Dann starb ein Sohn – und fortan gab es nur noch 3 Mandelhälften.

Für etwa 25 Stück
50 g ganze Mandeln
200 g Marzipanrohmasse
3 TL feiner Zucker
2 EL Rosenwasser
1 Eiweiß

Mandeln mit kochendem Wasser überbrühen, im Wasser etwas abkühlen lassen. Haut abziehen und Mandeln vorsichtig halbieren. Mandelhälften beiseitestellen. Marzipanrohmasse mit 2 TL Zucker und Rosenwasser verkneten. Zu einer Rolle von etwa 4 cm Durchmesser formen. Rolle in etwa 25 gleich dicke Scheiben schneiden. Jede Scheibe zu einem kleinen Kegel formen. In jeden Kegel mit der Spitze nach oben 3 Mandelhälften drücken. Bethmännchen auf eine Platte setzen und 2–3 Stunden trocknen lassen.

Backofen auf 120 °C Ober-/Unterhitze (Umluft 100 °C) vorheizen. Ein Backblech mit Backpapier auslegen. Eiweiß mit 1 TL Zucker verrühren. Die Bethmännchen mit der Mischung einpinseln und auf das Backblech setzen. Backblech auf die mittlere Schiene in den vorgeheizten Backofen schieben und Bethmännchen in 10 Minuten nur ganz leicht hellbraun backen. Aufpassen, dass sie nicht zu dunkel werden. Herausnehmen und auf dem Blech auskühlen lassen.

TIPP Bethmännchen schmecken besonders gut, wenn man sie nach dem Auskühlen 2 Wochen in einer Blechdose »reifen« lässt.

Fränkisches Butterzeug

Ich liebe es, in alten Kochbüchern zu stöbern. Das köstliche Butterzeug fand ich in der vergilbten Rezeptsammlung der Oma meines Freundes mit der handschriftlichen Anmerkung: »Dieses Rezept verriet mir eine 80-Jährige aus Nürnberg, die es von ihrer Großmutter ererbt hatte.« Linn

Für etwa 60 Stück

125 g weiche Butter
50 g weiches Butterschmalz
200 g Zucker
1 Prise Salz
1 Ei, Größe M
1 EL Arrak
abgeriebene Schale
von 1 Bio-Zitrone
375 g Mehl
2 TL Zimt

Butter, Butterschmalz, 100 g Zucker und Salz mit den Rührquirlen des Handrührgeräts schaumig rühren. Ei, Arrak, Zitronenschale, Mehl und 1 TL Zimt dazugeben. Mit den Händen zu einem glatten Teig kneten und eine Kugel formen. Kugel in Folie wickeln und etwa 1 Stunde im Kühlschrank ruhen lassen.

Backofen auf 180 °C Ober-/Unterhitze vorheizen. Backblech einfetten oder mit Backpapier auslegen. Teig auf einer bemehlten Arbeitsfläche oder zwischen Klarsichtfolie 5 mm dick ausrollen, beliebige Formen oder einfache Kreise ausstechen und auf das Blech legen. Kekse auf die mittlere Schiene in den vorgeheizten Backofen schieben und etwa 15 Minuten backen, bis sie leicht gebräunt sind. Den restlichen Zucker (100 g) mit dem restlichen Zimt (1 TL) vermischen und die noch heißen Kekse in Zimtzucker wälzen.

TIPP Wer keinen Zimt mag, kann die Kekse auch mit 1 EL Kakao statt Zimt backen und in Vanillezucker wälzen.

Eingemachtes

Erdbeer-Rhabarber-Konfitüre

Meine Oma hebt alle Gläser von gekaufter Konfitüre und Marmelade auf – sie eignen sich prima für Selbsteingekochtes. Lustig sieht es aus, wenn dann unter dem Deckel mit den aufgedruckten Stachelbeeren oder Aprikosen plötzlich dunkelrote Erdbeer- oder Brombeerkonfitüre zum Vorschein kommt. Linn

**Für etwa 5 Gläser
à 250 ml**

*1 kg Erdbeeren
500 g Rhabarber
750 g Gelierzucker 2:1*

Erdbeeren und Rhabarber waschen und putzen. Beim Rhabarber die Endstücke abschneiden und die Stangen in kleine Stücke schneiden, bei den Beeren den Stielansatz entfernen. Die Erdbeeren in einen großen Topf füllen und mit einem Kartoffelstampfer zerdrücken, Rhabarber und Zucker dazugeben. Umrühren, auf den Herd stellen und aufkochen. Unter Rühren 5–8 Minuten sprudelnd kochen lassen. Noch einmal mit dem Stampfer die letzten Fruchtstücke zerdrücken. Wenn die Gelierprobe gelingt (Tipp Seite 176), Topf sofort vom Herd nehmen und das Erdbeer-Rhabarber-Mus in sterilisierte Twist-off-Gläser füllen. Schnell zuschrauben, 5–10 Minuten auf den Kopf stellen und richtig herum erkalten lassen. So hält die Konfitüre etwa 12 Monate.

Rezeptfoto siehe Seite 168

TIPP Im Sommer unbedingt einmal eine *Vierfruchtkonfitüre* probieren: Dazu 400 g Erdbeeren, 300 g Himbeeren, 200 g Sauerkirschen und 100 g Johannisbeeren mit 500 g Gelierzucker 2:1 wie oben beschrieben einkochen.

Quittengelee

Konfitüre wird aus ganzen Früchten, Gelee aus Quittensaft gemacht. Seit einigen Jahren koche ich meine eigenen Gläser ein und bin immer wieder erstaunt, dass Konfitüre und Gelee so leicht herzustellen sind. Linn

Für etwa 5 Gläser à 250 ml

1 kg Quitten
abgeriebene Schale von 1 Bio-Zitrone
etwas Apfelsaft zum Auffüllen
1 kg Zucker

Quitten waschen und mit einem Tuch den Flaum von der Schale abreiben. Die Früchte klein schneiden, dabei Blütenansätze und Stiele entfernen. Mit 1½ l Wasser und Zitronenschale in einen Topf geben. Erhitzen und 45 Minuten abgedeckt köcheln. Vom Herd nehmen und abkühlen lassen. Ein Sieb mit einem sauberen Küchenhandtuch auslegen, auf eine große Schüssel setzen und den Topfinhalt hineingießen. Den Saft aus dem Fruchtfleisch pressen.

1 l Quittensaft abmessen. Ist weniger in der Schüssel, mit Apfelsaft auffüllen. Quittensaft mit 1 kg Zucker in einem Topf zum Kochen bringen. Auf kleiner Flamme etwa 1 Stunde kochen lassen, dabei ab und zu umrühren. Gelierprobe machen (Tipp Seite 176). Das fertige Gelee in sterilisierte Twist-off-Gläser füllen, verschließen und Gläser sofort 5–10 Minuten auf den Kopf stellen. Richtig herum erkalten lassen. So ist das Gelee ungefähr 12 Monate haltbar.

Rezeptfoto siehe Seite 169

TIPP Generell gilt: Bei Konfitüre kommt auf 1 kg Früchte 1 kg Zucker, bei Gelee auf 1 l Saft 1 kg Zucker. Wenn Sie die Kochzeit verkürzen wollen, nehmen Sie für dieses Rezept einfach handelsüblichen Gelierzucker 1:1, dann braucht das Gelee statt 1 Stunde nur etwa 5–10 Minuten zu kochen.

Pflaumenmus

Das Rezept für das Pflaumenmus stammt von meiner Tante Inge aus Frankfurt, die in ihrem Garten jedes Jahr so viele Pflaumen erntet und verarbeitet, dass sie das allerbeste Mus davon machen kann. Das Rezept hat sie per Post geschickt mit der Anmerkung: »Das Mus während der Kochzeit auf keinen Fall umrühren, auch wenn es noch so sehr in den Fingern juckt.« Und Recht hat sie: Zwei lange Stunden nicht im Topf zu rühren, ist eine echte Geduldsprobe! Linn

Für etwa 5 Gläser á 250 ml

2 kg Pflaumen
500 g Zucker
1 Messerspitze gemahlener Zimt
5 Gewürznelken
2 EL frisch gepresster Zitronensaft

Am Abend vor dem Einkochen die Pflaumen entsteinen, mit dem Zucker vermischen und mit der offenen Seite nach unten in einen breiten Topf legen. Über Nacht kühl stellen. Am nächsten Tag die Pflaumen bei großer Hitze 3–5 Minuten ankochen, danach Hitze stark reduzieren und Pflaumen mit geschlossenem Deckel 1–2 Stunden ganz leicht köcheln lassen, die letzten 25 Minuten ohne Deckel. Auf keinen Fall umrühren.

Zimt, Nelken und Zitronensaft unter die Pflaumen rühren und weitere 10 Minuten kochen. Topf vom Herd nehmen und Pflaumen mit dem Stabmixer pürieren. Das heiße Mus sofort in sterilisierte Twist-off-Gläser füllen, verschließen und auf den Kopf stellen. Nach etwa 10 Minuten umdrehen und das Mus vollständig erkalten lassen. Es hält sich etwa 12 Monate.

TIPP Am besten schmeckt das Mus in der Weihnachtszeit, zum Beispiel zusammen mit dem Quarkstollen von Seite 153.

Elisabeth Dahlitz aus dem Spreewald

Glück im Glas

»Als Kind war Sauerkirsch meine Lieblingsmarmelade«, erinnert sich Elisabeth Dahlitz. Wie sie dasitzt und fröhlich in die Sonne blinzelt, in dem großen Garten in Burg im Spreewald, wirkt sie wie ein junges Mädchen. Dabei blickt sie auf ein arbeitsreiches Leben zurück – auf dem elterlichen Bauernhof, im Büro, dann die vier Kinder.

Marmeladen und Gelees macht sie schon, solange sie denken kann. Es war ja immer alles da, was man dafür brauchte: Der Bauerngarten hinter dem Haus mit Obst und Gemüse, dazu die Mispeln, die wilden Zwetschgen und die Hagebuttensträucher, die in den verwunschenen Spreewaldauen wachsen. Heute könnte sie theoretisch die Hände in den Schoß legen – stattdessen ist sie noch mal ins Geschäftsleben eingestiegen. Mit ihrer Tochter Andrea Veltjens betreibt sie eine kleine, feine Marmeladenmanufaktur namens »Rosenrot & Feengrün«. Elisabeth Dahlitz bringt ihre Erfahrung im Marmeladekochen ein, verarbeitet Berge von Früchten, passiert, wiegt ab und kocht in der kleinen Küche, was das Zeug hält.

»Das fing ganz klein an«, erzählt Elisabeth, »mit Sachen aus dem eigenen Garten und den wild wachsenden Zwetschgen und Hagebutten. Jetzt kaufen wir zu – aber nur von Bekannten hier aus der Region.« Uns hat sie ihr Rezept für ihre Hagebuttenmarmelade mit Orange verraten.

Aber nur Marmeladen kochen, das reicht Elisabeth nicht. Kürzlich hat sie mit ihrem Mann goldene Hochzeit gefeiert – und alle Kuchen und Speisen für das Fest selbst gemacht. »Man muss in Übung bleiben, sonst verlernt man alles. Das Aufhören kommt sowieso irgendwann von selbst.« Aber das wird bei ihr sicher noch ein Weilchen dauern!

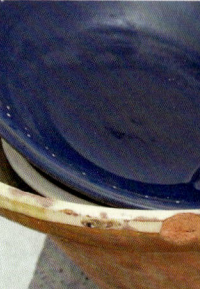

Hagebutten-Orangen-Marmelade

Hagebutten gibt es in keinem Laden zu kaufen, sie müssen gesammelt werden. Zugegeben, das ist etwas mühsam und erfordert unbedingt kräftige Gartenhandschuhe, aber es lohnt sich. Denn diese Marmelade ist etwas Besonderes. Sie basiert auf einem alten Familienrezept von Elisabeth Dahlitz aus dem Spreewald. Früher wurden dafür nur Hagebutten verwendet und viel Zucker. Heute nimmt man weniger Zucker und Orangensaft. Er aromatisiert die Marmelade und macht sie frischer und fruchtiger.

Für etwa 5 Gläser à 250 ml

2 kg Hagebutten
200 ml frisch gepresster Orangensaft
500 g Gelierzucker 2:1

Hagebutten in einem großen Topf mit kaltem Wasser aufsetzen, aufkochen und köcheln lassen, bis sie weich sind. Das dauert etwa 15–20 Minuten. Kochwasser abgießen und die Hagebutten durch ein Passiersieb streichen. 800 g Hagebuttenpüree abwiegen und in einen Topf geben (kein Aluminium!). Orangensaft und Gelierzucker hinzufügen, alles zusammen aufkochen und 3 Minuten sprudelnd kochen lassen. Sofort in sterilisierte Twist-off-Gläser füllen und diese fest verschließen.

TIPP Nimmt man normalen Haushaltszucker statt Gelierzucker, benötigt man 1 kg Zucker (Verhältnis 1:1) und muss die Kochzeit etwa verdreifachen. Während des Kochens ab und zu eine Gelierprobe machen: Etwas Fruchtmasse auf ein kleines Tellerchen streichen – geliert die Masse, kann sie in die Gläser gefüllt werden.

Elisabeth Dahlitz aus dem Spreewald

Eingemachter Rotkrautsalat

*Dieses Rezept stammt von einer älteren Dame aus der Schweiz. Meine
Freundin Sabine hat einige Jahre in Zürich gelebt. Eines Tages klopfte
eine Nachbarin an ihre Tür. Sie hatte sich ausgesperrt – im Morgenmantel. Sabine machte Kaffee, sprach Trost zu und holte den Schlüsseldienst.
Zum Dank bekam sie ein Glas von diesem »Rotkabissalat«. Und später
auf ihre begeisterte Nachfrage auch das Rezept dafür.* Birgit

**Für etwa 4 Gläser
à 500 ml**

1 Kopf Rotkraut (etwa 2 kg)
3 EL Salz
2 l Obstessig
5 EL Zucker
*1 EL grob zerstoßene,
schwarze Pfefferkörner*
*1 EL grob zerstoßene
Pimentkörner*
*1 daumengroßes Stück
Bio-Orangenschale
(dünn abgeschält)*

Rotkrautkopf vierteln, Strunk herausschneiden,
Kraut in feine Streifen hobeln. In eine Glas-
oder Steingutschüssel füllen, mit dem Salz
vermischen und mit einem Kraut- oder Kartoffelstampfer 5 Minuten kräftig stampfen.
24 Stunden abgedeckt in den Kühlschrank oder
an einen anderen kühlen Ort stellen. Danach in
einem Sieb gut abtropfen lassen und mit den
restlichen Zutaten in einen Topf füllen. Alles
aufkochen und bei mittlerer Hitze etwa
15 Minuten sanft kochen lassen, dabei häufig
umrühren.

Rotkraut mit einer Schaumkelle aus dem Topf
in sterilisierte Twist-off-Gläser füllen. Die im
Topf verbliebene Flüssigkeit noch einmal aufkochen und heiß über das
Rotkraut gießen, bis die Gläser randvoll sind. Gut verschließen. Mindestens
1–2 Wochen durchziehen lassen. Kühl und dunkel aufbewahrt 4–6 Monate
haltbar. Geöffnete Gläser im Kühlschrank aufbewahren und Rotkrautsalat
innerhalb von 3 Tagen aufbrauchen.

TIPP Für Weißkrautsalat wird das Piment durch Kümmelsamen ersetzt und
statt Orangenschale ein Lorbeerblatt verwendet.

Sauerkraut

Sauerkraut wird in einem speziellen Gärtopf aus Steingut – auch »Kuhl-topf« genannt – gemacht. Er hat am oberen Rand eine Rille, die mit Wasser gefüllt wird. Sitzt der Deckel auf dem Topf, ist so der Inhalt von der Umgebungsluft abgeschlossen, und die bei der Gärung entstehenden Gase können trotzdem entweichen.

Für 1 Gärtopf mit 10 l Inhalt
5 kg Weißkraut
40 g Salz (kein Meersalz)
20 Wacholderbeeren
250 ml Weißwein oder Molke

Die äußeren Blätter des Kohlkopfs ablösen und beiseitelegen. Kohlkopf vierteln, den Strunk herausschneiden und das Weißkraut mit einem Kraut- oder Gurkenhobel fein hobeln. Die Hälfte der äußeren Blätter auf den Boden des Gärtopfs legen. Das Kraut in etwa 10 cm hohen Lagen in den Topf schichten. Jede Lage einzeln salzen, mit Wacholderbeeren würzen und mit einem Holzstampfer kräftig bearbeiten, sodass möglichst viel Saft austritt. Erst dann die nächste Lage einschichten. So oft wiederholen, bis Kraut und Salz verbraucht sind. Der Gärtopf soll zu etwa drei Vierteln gefüllt sein.

Weißwein oder Molke als Starter der Milchsäuregärung in den Gärtopf gießen. Die restlichen Außenblätter als Abschluss oben auf das Kraut legen. Die Rinne des Kuhltopfs mit Wasser füllen, den Deckel daraufsetzen. Kraut bei Zimmertemperatur gären lassen. Ein gelegentliches Blubbern zeigt an, dass der Gärprozess im Gange ist. Regelmäßig kontrollieren, ob genug Flüssigkeit im Topf ist. Das Sauerkraut muss immer von Saft bedeckt sein. Falls nicht, Salzwasser (20 g Salz pro Liter Wasser) nachgießen. Nach 10 Tagen ist die Vorgärung abgeschlossen. Gärtopf nun an einen kühlen Ort bringen, z. B. in den Keller. Nach weiteren 8 Wochen Ruhezeit ist das Sauerkraut fertig. Damit der Deckel weiter gut abgedichtet ist, die Rinne des Kuhltopfs ab und zu mit etwas Wasser auffüllen.

Kürbis süß-sauer

Ein Rezept von meiner Freundin Friederike, die den Kürbis aus ihrem Garten jedes Jahr im Herbst nach einem alten Familienrezept ein-macht – als Kind mochte sie ihn nicht einmal probieren, dafür liebt sie ihn jetzt umso mehr.   Linn

**Für etwa 8 Gläser
á 250 ml**
*1 großer Kürbis (etwa 2 kg)
750 ml Weißweinessig
1 kg Zucker
10 Gewürznelken
1 Stück Ingwerwurzel,
Größe nach Geschmack*

Kürbis halbieren, schälen, die Kerne mit einem Löffel herausschaben und das Fruchtfleisch in etwa 1 cm große Würfel schneiden. Die Würfel mit 500 ml Essig und 1 l Wasser in eine große Schüssel geben und über Nacht abgedeckt zie-hen lassen.

Am Folgetag die Kürbiswürfel in ein Sieb schütten und die Flüssigkeit auffangen. Ingwer schälen und fein würfeln oder in Streifen schneiden. Die aufgefangene Flüssigkeit in einem Topf erhitzen, die restli-chen 250 ml Essig, Zucker, Nelken und Ingwer hineingeben. Kürbisfleisch portionsweise etwa 5 Minuten im Essigwasser kochen, bis die Würfel glasig aussehen und weich sind. Danach sofort mit einer Schaumkelle in sterilisier-te Twist-off-Gläser schöpfen.

Sind alle Kürbiswürfel verteilt, kochendheißen Sud mit den Gewürzen in die Gläser geben, bis das Fruchtfleisch vollständig davon bedeckt ist. Gläser ver-schließen, auf den Kopf drehen und erkalten lassen. Möglichst kühl und dunkel aufbewahrt, hält sich der Kürbis etwa 6 Monate.

Süßsaure Gurken

Die kleinen Einlegegurken gibt es nur wenige Wochen im Jahr frisch zu kaufen, etwa von Juli bis Mitte September. Die süßsauren Gurken werden ganz traditionell mit Essig, Zucker und Gewürzen eingelegt.

**Für 1 Glas mit
1 l Inhalt**

*500 g Einlegegurken
1 Zwiebel
1 EL grob gezupfter Dill
10 Senfkörner
5 Pfefferkörner
100 ml Weißweinessig
20 g Zucker
10 g Salz*

Die Gurken gründlich waschen, wenn sie nicht im Ganzen ins Glas passen, in grobe Stücke schneiden. Zwiebel schälen und fein würfeln. Zwiebelwürfel, Dill, Senf- und Pfefferkörner zusammen mit den Gurken in ein sterilisiertes Einmach- oder Twist-Off-Glas füllen. Weißweinessig, 400 ml Wasser, Zucker und Salz in einem Topf verrühren und erhitzen, bis sich der Zucker aufgelöst hat. Das Gurkenglas mit der heißen Flüssigkeit auffüllen. Mit Dichtungsring und Klammern verschließen, bei Twist-off-Gläsern den Deckel fest zudrehen. Im Einmachtopf bei 90 °C 10 Minuten kochen. Gurken vor dem Herausnehmen erst 1 Stunde abkühlen lassen. Kühl und dunkel aufbewahren. Vor dem Probieren mindestens 14 Tage durchziehen lassen.

TIPP Für mehrere Gläser die Mengenangaben entsprechend multiplizieren. Wer keinen Einmachtopf hat, kann Gurken auch im Backofen einmachen: Dazu die Fettpfanne 2 cm hoch mit Wasser füllen und auf die unterste Schiene schieben. Die verschlossenen Gläser hineinsetzen – sie dürfen sich nicht berühren! Backofen auf 170 °C Ober-/Unterhitze erhitzen. Wenn die Flüssigkeit in den Gläsern zu perlen beginnt, den Backofen ausschalten und die Gurken weitere 25 Minuten im geschlossenen Backofen lassen. Erst dann herausnehmen.

VARIANTE Spreewälder Gurken: Für 1 Steinguttopf mit 5 l Inhalt werden 3 kg Einlegegurken, 3 Bund Dill, 3 Bund Bohnenkraut und 100 g Salz gebraucht. Gurken waschen und trocken tupfen. Dill und Bohnenkraut waschen, mit den Stielen grob hacken und vermischen. Salz in 2½ l kaltem Wasser auflösen. Boden des Steinguttopfs mit der Hälfte der Dill-Bohnenkraut-Mischung bedecken. Gurken in den Topf schichten und mit der anderen Hälfte der Kräuter bedecken. Mit Salzwasser aufgießen. Einen Teller oder ein Holzbrett passender Größe direkt auf die Gurken legen, um sie unter Wasser zu halten. Bei Zimmertemperatur 8–10 Tage ziehen lassen. Danach sind sie fertig und können an einem kühleren Ort etwa 3 Wochen aufbewahrt werden.

Gut wirtschaften

Omas kreative Resteverwertung

Wohin mit den übrig gebliebenen Knödeln vom Sonntagsbraten? Was tun mit Resten vom Fleisch, der kleinen Schüssel Nudeln oder Püree, dem bisschen Gemüse? Unsere Großmütter wussten noch, wie man clever haushaltet, sodass möglichst wenig weggeworfen werden muss. Und die meisten konnten aus den Resten vom Vortag leckere neue Gerichte zaubern. So wie diese:

Saure Knödel: Übrig gebliebene Semmelknödel werden als »Essigknödel« zu einem leckeren, kalten Abendessen: Knödel, Fleischwurst und Radieschen in dünne Scheiben schneiden, mit einer Marinade aus Essig, Öl, Salz und Pfeffer begießen. Zu diesem typisch bayrischen Resteessen passt ein Bier.

Süße Nudeln: Nudelreste etwas zerkleinern. Einige Esslöffel Paniermehl in reichlich Butter anschwitzen und leicht bräunen. Nudeln dazugeben, gut durchmischen und alles erhitzen. Mit Zucker und einer Prise Salz abschmecken. Aprikosen- oder Pflaumenkompott dazu servieren.

Schneeklößchen: Resteverwertung für Eiweiß: 2 Eiweiße fast steif schlagen, dann nach und nach 2 EL Zucker dazugeben und Masse sehr steif schlagen. In einem Topf so viel Milch erhitzen, dass die Klößchen darin schwimmen können. Mit zwei feuchten Teelöffeln kleine Klößchen aus dem Eischnee abstechen, in die heiße, nicht kochende Milch gleiten lassen. Zugedeckt 5 Minuten ziehen lassen. Passt toll zu Kompott oder Fruchtkaltschale.

Eierlikör: Resteverwertung für Eigelb: 6 Eigelbe mit 1 Packung Puderzucker (250 g) und 1 TL Vanillezucker verrühren. 150 ml Wodka, weißen Rum oder Weinbrand, 200 ml flüssige Sahne und 1 Dose Kondensmilch (400 ml) dazugeben. Alles langsam gründlich verrühren und in eine Flasche füllen (ergibt etwa 750 ml). Im Kühlschrank aufbewahren und innerhalb von 1–2 Wochen aufbrauchen. Lecker zu Eis und Fruchtsalat.

Eierhäckerle: Wenn, etwa zu Ostern, viele hart gekochte Eier übrig sind, gibt's Eierhäckerle: Eier fein hacken, gehackte Cornichons oder einige Kapern dazugeben, mit Salz, Pfeffer, Schnittlauch und etwas Mayonnaise verrühren. Dick auf frisches Graubrot streichen.

Kartoffelplätzchen: Aus Salz- oder Pellkartoffelresten: Kartoffeln in einer Schüssel zerdrücken und mit 1–2 Eiern, etwas Mehl, Salz, Pfeffer und Muskatnuss zu einem nicht zu weichen Teig verarbeiten. 30 Minuten ruhen lassen. Mit bemehlten Händen kleine Küchlein aus der Masse formen und in heißem Öl braun braten. Fein gewürfelte Schinkenreste, Erbsen oder Kräuter (oder alles zusammen) passen auch in den Kartoffelteig. Tomatensalat dazu reichen.

Kartoffelnester: Übrig gebliebenes Kartoffelpüree mit 1–2 Eiern, Salz und etwas Muskatnuss verrühren. Je nach Konsistenz noch etwas Mehl unterrühren, sodass ein geschmeidiger Teig entsteht, der sich durch einen Spritzbeutel drücken lässt. Auf ein mit Backpapier belegtes Backblech erst kleine runde Böden, dann um die Böden herum einen gleichmäßig hohen Ring spritzen. Ring mit Eigelb bestreichen und im vorgeheizten Backofen bei 180 °C Ober-/Unterhitze goldgelb backen. Diese Nester lassen sich prima mit aufgewärmten Fleisch- oder Gemüseresten füllen.

Fleischsalat: Kalte Bratenreste werden schnell zu einem pikanten Fleischsalat: Fleisch fein würfeln, mit Gewürzgurke, fein gehackter Zwiebel und Petersilie in eine Schüssel füllen. Aus Essig, Öl, Senf, etwas Tomatenmark, Salz, Pfeffer und Zucker eine Salatsoße anrühren. Über die Bratenreste gießen, alles gut vermischen und mindestens 1 Stunde durchziehen lassen.

Gemüsepudding: Eine klasse Resteverwertung für Gemüse wie Blumenkohl, Rosenkohl, Erbsen und Möhren oder Kohlrabi – oder auch Mischgemüse. Dafür wird allerdings eine Puddingform mit Deckel gebraucht. Etwa 750 g Gemüsereste mit 3–4 verquirlten Eiern, gehacktem Schnittlauch oder Petersilie, geriebenem Käse, 1 Schuss Sahne, etwas Muskatnuss und Salz zu einer dicklichen Masse rühren. Eine Puddingform fetten, mit Semmelbröseln ausstreuen. Gemüse bis zu drei Viertel der Höhe einfüllen, ins Wasserbad stellen und etwa 45 Minuten kochen.

Köstlich und kostenlos

Ob wild wachsende Kräuter, Blüten, Pilze oder Früchte – früher war es für viele Menschen selbstverständlich zu sammeln, was die Natur kostenlos an Essbarem zu bieten hatte. Und auch heute noch macht es Spaß und ein wenig stolz, beim Spaziergang eigenhändig Gepflücktes zu verarbeiten.

Bärlauchbutter: Im Frühjahr wächst Bärlauch an vielen Waldrändern und sogar in Parks. Zu erkennen ist er schon von Weitem an seinem knoblauchartigen Duft. Vorsicht: Die hochgiftigen Maiglöckchenblätter sehen fast genauso aus! Wenn Sie also nicht hundertprozentig sicher sind, lieber stehen lassen. Für Bärlauchbutter 1 Handvoll Bärlauchblätter fein hacken, mit 125 g weicher Butter und 1 Prise Salz vermischen, eine Rolle formen und in Pergamentpapier wickeln. Im Kühlschrank fest werden lassen. Statt Kräuterbutter zu Steaks und Fisch reichen.

Fichtenspitzen in Schokoladenhülle: Die ganz jungen, hellgrünen Spitzen von Fichten oder Tannen abknipsen. Dunkle Schokolade im Wasserbad schmelzen. Fichtenspitzen mit einem Teelöffel kurz in die Schokolade tauchen und vollständig damit umhüllen. Auf Backpapier legen und abkühlen lassen. Schmecken köstlich, wenn man sie noch am gleichen Tag isst. Danach verändern sich Geschmack und Konsistenz unangenehm. Gegenmaßnahme: einfrieren und in gefrorenem Zustand knabbern.

Hollerküchle: Für knusprige Holunderküchle: Aus Mehl, Ei, Salz und 1 Schuss Bier einen Pfannkuchenteig anrühren. Holunderblütendolden reinigen und einzeln mit den Blüten in den Teig tauchen. Sofort in heißem Fett ausbacken. Mit Puderzucker bestäuben.

Holunderblütensirup: Etwa 25 blühende Holunderdolden abschneiden, kleine Insekten vorsichtig abschütteln. 1 kg Zucker und 2 l Wasser in einem Topf aufkochen, vom Herd nehmen. 4 Bio-Zitronen in Scheiben schneiden. Holunderdolden und Zitronenscheiben in die Zuckerlösung geben. 3 Tage durchziehen lassen, durchfiltern. 30 g Zitronensäure zufügen und in 4 Flaschen à 500 ml abfüllen. Mit Wasser und etwas Zitronensaft aufgießen und als Durstlöscher trinken oder mit eiskaltem Sekt als Aperitif servieren.

Wildkräutersalat: Je 2 Hände voll ganz junge Löwenzahn- und Brennnesselblätter, etwas Sauerampfer oder Bärlauch und einige Gänseblümchenblüten waschen. Abtropfen lassen. Eine Vinaigrette aus 3 EL Zitronensaft, 1 EL flüssigem Honig, Salz, Pfeffer, 1 kleinen, geriebenen Zwiebel und 3 EL Walnussöl (oder neutralem Speiseöl) anrühren. Salat darin wenden, sofort auftischen. Pro Person 1 heißes, wachsweich gekochtes Ei schälen, auf den Salat legen. Wer den Salat etwas milder möchte, mischt Kopfsalatblätter hinein.

Schätze aus der Vorratskammer

Eine kluge Vorratshaltung war früher sehr wichtig. Wer auch im Winter gesund und abwechslungsreich kochen wollte, musste Obst, Gemüse oder Kräuter in der Haupterntezeit haltbar machen. Heute können wir im Supermarkt jederzeit alles kaufen. Aber es ist trotzdem ein schönes Gefühl, wenn Keller und Speisekammer gut gefüllt sind.

Äpfel: strömen ein Gas aus, das andere Obst- und Gemüsesorten schneller welken oder faulen lässt. Deshalb immer getrennt lagern. Böden von flachen Kisten oder einer alten Kommode dick mit Zeitungspapier auslegen, Äpfel hineinlegen und im Keller oder Gartenhaus aufbewahren. Öfter kontrollieren. Früchte mit braunen Stellen sofort aussortieren und verbrauchen.

Gurken & Tomaten: Nie zusammen lagern, da sie dann beide schneller welk werden. Gurken im Gemüsefach des Kühlschranks aufbewahren und bald essen. Kleine Gärtnergurken lassen sich aber sauer einlegen (Seite 184). Tomaten gehören nicht in den Kühlschrank. Sie verlieren sonst ihr Aroma. Besser auf Zeitungspapier nebeneinander in einem unbeheizten Zimmer lagern. So reifen Tomaten auch schön nach.

Kräuter: Kräuter einfach an der Luft trocknen: Sehr gut eignen sich Rosmarin, Salbei, Minze, Thymian, Lorbeer, Oregano – sie behalten ihr Aroma auch nach dem Trocknen. Mit Bindfaden oder Kordel in nicht zu dicke Büschel binden und kopfüber an einen luftigen, trockenen Ort hängen. Nach dem Trocknen gleich von den Stängeln zupfen und die Blättchen in dicht schließenden Gläsern oder Dosen aufbewahren. Petersilie, Schnittlauch, Dill, Basilikum und Kerbel verlieren beim Trocknen ihre Würzkraft, daher immer frisch verwenden. (Gibt es einen großen Ernteüberschuss: fein hacken und portionsweise einfrieren.)

Salat & Radieschen: Salat am Strunk kreuzweise einschneiden und auf eine Schüssel mit Wasser setzen, Radieschen mit den Blättern nach unten in ein Glas Wasser stellen: So bleiben beide frisch und knackig.

Wurzelgemüse: Möhren, Rote Bete und Rettiche kommen in die Sandkiste. Ja, richtig gelesen. Sie halten sich dort im kühlen Keller monatelang frisch. Der Sand sollte etwas feucht sein, aber keinesfalls nass. Gemüse nach der Ernte einfach einschichten und mit Sand bedecken.

Zwiebeln & Knoblauch: bleiben lange frisch in einem unglasierten Tontopf mit gelochtem Deckel, der kühl und dunkel steht. Statt des Deckels eignet sich auch ein Baumwoll- oder Leinentuch, dass mit einem festen Gummiring über den Topf gespannt wird.

Das Beste aus Omas Trickkiste

Versalzene Soßen, angebrannte Töpfe, Eischnee, der nicht fest werden will? Das kann passieren und ist noch lange kein Grund, den Kochlöffel hinzuwerfen. Mit Omas bewährten Tricks lässt sich so manche Küchenpanne schnell beheben.

Bechamelsoße hat Klümpchen: Soße durch ein feines Sieb in einen sauberen Topf gießen, mit dem Löffelrücken die Mehlklümpchen durch das Sieb drücken. Noch einmal aufkochen.

Bratensoße ist versalzen: Eine rohe, in dicke Scheiben geschnittene Kartoffel mitkochen – sie nimmt einen Teil des Salzes auf. Scheiben nach 10–15 Minuten aus der Soße fischen und wegwerfen.

Eischnee wird nicht fest: 1 Prise Salz und/oder wenige Tropfen Zitronensaft dazugeben – das rettet den Eischnee häufig. Damit es gar nicht erst so weit kommt: Eier immer sauber trennen – winzigste Mengen Eigelb verhindern das Festwerden. Eiweiß und Rührschüssel vor Gebrauch in den Kühlschrank stellen. Vor Zugabe von Zucker muss das Eiweiß bereits fast steif sein.

Hollandaise ist geronnen: Schnell einen Eiswürfel (oder etwas eiskaltes Wasser) hineingeben und kräftig weiterschlagen.

Klare Brühe ist versalzen: 2 Eiweiße etwas verquirlen, in die kochende Brühe geben, nach ein paar Minuten mit einer Schaumkelle abschöpfen.

Kuchen löst sich nicht aus der Form: Die Form kurz in heißes Wasser stellen. Oder für 1 Minute ein feuchtes Geschirrtuch um die Form wickeln.

Mayonnaise ist geronnen: 1 Eigelb mit etwas Salz verrühren, die geronnene Mayonnaise erst tröpfchenweise, dann in dünnem Strahl unterrühren. So passiert das gar nicht erst: Eigelb und Öl müssen Zimmertemperatur haben. 1 TL Senf oder einige Spritzer Zitronensaft und 1 Prise Salz helfen, das Gerinnen zu verhindern.

Semmelknödel sind zu weich oder zu fest: Sind sie zu weich, Paniermehl in den Knödelteig geben und etwas quellen lassen. Sind sie zu fest: Bei geschlossenem Deckel sprudelnd kochen lassen. Zwischendurch ab und zu eine Kelle kaltes Wasser dazugießen.

Topfboden ist stark angebrannt: 1 TL Backpulver in den Topf geben, mit kaltem Wasser aufgießen (etwa 5 cm hoch), aufkochen und einige Minuten sprudelnd kochen. Herdplatte abschalten, Topf noch etwas darauf stehen lassen. Jetzt die schwarze Schicht mit einem Scheuerschwamm entfernen.

Register

DIE AUTORINNEN

Linn Schmidt liebt es, auf Flohmärkten, Dachböden und in alten Kochbüchern nach Schätzen zu stöbern und wollte schon immer alle Lieblingsrezepte ihrer Oma aufschreiben. Die Autorin und Fotografin arbeitet als Redakteurin und lebt mit ihrer Familie in Hamburg.

Birgit Hamm verschlingt Kochbücher wie andere Leute Krimis. Sie kochte in einem Frankfurter Szenerestaurant und war Chefredakteurin eines Restaurantführers. Die Autorin und Journalistin lebt mit ihrem Mann in Hamburg, wo sie bei jeder sich bietenden Gelegenheit für Freunde kocht – alles von Kohlrouladen bis Korianderhühnchen.

Wir danken:

Ute und Marina für das Studio; Astrid von Gustavia und Bridget Bell Hamburg für das Geschirr; Sabine und Annette für Gurken und Bohnen; Katharina, Tiffany und Martin fürs Kochen; Wilfried für das Geschenk; Sabine und Randy für die Bücher; Berit und Gönke für die Küchenutensilien; Constanze für die Ideen; Jens vom Restaurant Nil für die Serviette; Christine Clausing vom Hotel zur Bleiche für den Tipp; Oliver Heilmeyer vom Restaurant 17fuffzig für die Requisiten; Florian Bucher für die Texte auf Seite 121 und 123; Monika Schlitzer und Elke Homburg für ihr Vertrauen; unseren Familien für ihre Geduld und Unterstützung und natürlich unseren sechs Hauptdarstellerinnen fürs Mitmachen.

DORLING KINDERSLEY
London, New York, Melbourne, München und Delhi

Bibliografische Information Der Deutschen Bibliothek
Die Deutsche Bibliothek verzeichnet diese Publikation in der Deutschen Nationalbibliografie; detaillierte bibliografische Daten sind im Internet über http://dnb.ddb.de abrufbar.

© Dorling Kindersley Verlag GmbH, München, 2010

Texte Birgit Hamm und Linn Schmidt (Text S. 121 u. 123 Florian Bucher)
Fotografie Linn Schmidt. Außer: S. 4 (Karina Mühlfarth), S. 22–24, 56, 64, 76, 96, 174–177, 186 (Birgit Hamm), S. 23, 2. v. r. (instamatics/iStockphoto), S. 52, Aufmacher (dreadlock/Fotolia.com) sowie u. Mitte (camera-me/Fotolia.com), S. 53, u. r. (Jochen Hank/ iStockphoto), S. 120–123 (Barbara Bucher), S. 174, Aufmacher (Ina Peters/iStockphoto)
Food Styling Birgit Hamm und Linn Schmidt, Hamburg
Redaktion und Lektorat Claudia Krader, München
Gestaltung, Typografie, Realisation Catherine Avak, München
Repro Repro Ludwig Prepress & Multimedia GmbH, Zell am See

Für den Dorling Kindersley Verlag
Programmleitung Monika Schlitzer
Projektbetreuung Elke Homburg
Herstellungsleitung Dorothee Whittaker

ISBN 978-3-8310-1727-0

Druck und Bindung Firmengruppe Appl, Wemding

Besuchen Sie uns im Internet
www.dorlingkindersley.de

Mein Rezept

....

....

....

....

....

....

....

....

....

....

....

....

....

....

....

....

....

Mein Rezept ....

....

....

....

....

....

....

....

....

....

....

....

....

....

....

....

....

Mein Rezept

Mein Rezept ....

....

....

....

....

....

....

....

....

....

....

....

....

....

....

....

....

Mein Rezept ....

....

....

....

....

....

....

....

....

....

....

....

....

....

....

....

....

....

Mein Rezept ....

....

....

....

....

....

....

....

....

....

....

....

....

....

....

....